The 12 month millionaire

in Kapseln

Die unumgänglichen Enthüllungen von Vincent James

INDEX

Kap. 1 Das beste Geschäft der Welt — p. 5

Kap. 2 Produkte und Arithmetik — p. 15

Kap. 3 Wenn eine Promotion explodiert — p. 27

Kap. 4 Die Mailinglisten — p. 41

Kap. 5 Werbung in Zeitschriften — p. 47

Kap. 6 Erstellen Sie Ihre Swipe-Datei — p. 61

Kap. 7 Das back end — p. 65

Kap. 8 Der Selbstversand — p. 69

Kap. 9 Lifetime Customer Value — p. 75

Kap. 10 The 2-step — p. 79

Kap. 11 Ein unwiderstehliches Angebot — p. 87

Kap. 12 Garantieren Sie alles — p. 97

Kap. 13 Bonus — p. 105

Kap. 14 Referenzen — p. 109

Kap. 15 Denn Werbung verkauft sich nicht — p. 115

Kap. 16 Texter oder selbst machen? — p. 127

Kap. 17 Die post — p. 131

Kap. 18 Grafiken und Typografien — p. 135

Kap. 19 Das copywriting — p. 143

Kap. 20 Die headline — p. 165

Kap. 21 So testen Sie — p. 175

Kap. 22 Den Wert erhöhen — p. 181

Kap. 23 Ansprechraten — p. 185

Kap. 24 Erstattungssätze — p. 189

Kap. 25 Erhöhen Sie die Antworten — p. 193

Kap. 26 Call Center — p. 197

Kap. 27 Telemarketing — p. 201

Kap. 28 Werbung im Fernsehen — p. 203

Kap. 29 Radiowerbung — p. 207

Kap. 30 Suck out — p. 209

Kap. 31 Mitarbeiter — p. 215

Kap. 32 Die 3 Wege zu wachsen — p. 227

Kap. 33 Vermeiden Sie Gefängnis — p. 237

Kap. 34 Imitationen — p. 243

Bonus 1 Fisch — p. 251

Bonus 2 48.000.000$ an einem Tag — p. 255

Die Bibliothek des Millionärs — p. 265

Anmerkungen — p. 267

KAPITEL 1

Das beste Geschäft der Welt

Bevor du dieses Kapitel liest, nimm einen Stift und ein Blatt Papier zur Hand. Diese beiden Werkzeuge sind deine Hauptinstrumente. Wenn du den Stift, das Papier, dieses Buch und eine einfache Idee für ein Produkt oder eine Dienstleistung zusammenbringst, könnte das wortwörtlich hunderte Millionen Dollar wert sein.

Traditionelle Geschäfte wie Einzelhandelsgeschäfte, Fabriken, Restaurants usw. erfordern, dass du dich mit beiden Füßen ins Feuer stürzt und fast all dein Geld riskierst, bevor du einen Cent verdienst. Das Schlimmste daran ist, dass du erst nach diesem Risiko weißt, ob du erfolgreich bist oder nicht, vorausgesetzt, du hast überhaupt genug Geld für den Start.

Doch das ist nicht alles. Diese traditionellen Geschäfte bieten dir nicht das schnelle Wachstum und die enormen Gewinne des wunderbaren Geschäfts, von dem dieses Buch handelt. Ein Geschäft, das es dir ermöglicht, klein anzufangen und erst dann, nachdem du wissenschaftliche Beweise und eine gültige, profitable Idee hast, schrittweise mehr Geld zu investieren. Meistens reinvestierst du die Gewinne.

Das Geschäft, von dem ich in diesem Buch spreche, ermöglicht es dir, reich zu werden, selbst wenn 99 von 100 potenziellen Kunden dein Produkt nicht wollen. Ich spreche vom Direct Response Business.

Es ist ein Geschäft, das dir sehr schnell zeigt, ob du erfolgreich bist oder nicht, meist innerhalb von 30 Tagen. Meistens kannst du das mit 2.000 Dollar oder weniger herausfinden. Du benötigst keine spezifischen Kenntnisse über das Produkt, das du verkaufen möchtest. Ich habe Golfschläger hergestellt und verkauft, ohne jemals Golf gespielt zu haben. Ich habe Vitamine hergestellt und verkauft, ohne Wissenschaftler oder Arzt zu sein. Das ist die Schönheit dieses Geschäfts.

Selbst wenn du jetzt in deiner von Kakerlaken befallenen Einzimmerwohnung sitzt, kannst du, sobald du den richtigen Brief verfasst hast, das richtige Produkt an die richtigen Leute zum richtigen Preis und zum richtigen Zeitpunkt in ihrem Leben verkauft hast, ein geistiges Eigentum im Wert von über 100 Millionen Dollar besitzen! Und es dauert nur 7 bis 10 Tage, nachdem du deine Briefe verschickt hast, um zu wissen, wie die Dinge stehen. Wirklich.

Das Direct Response Business ist kein neues Geschäft. Sogar Benjamin Franklin hatte einen Versandkatalog! Es gibt viele Bücher auf dem Markt, die dir alles über Direct Response oder Versandhandel, wie einige es nennen, erzählen können. Aber was ich dir beibringen möchte, ist, wie ich es mache, weil ich es ein wenig anders mache.

Jetzt werden wir uns nur auf den Versand von Verkaufsnachrichten für ein Produkt an eine qualifizierte Mailingliste konzentrieren. Später werden wir über Werbung in Zeitschriften und Werbespots im Fernsehen und Radio sprechen.

Im Jahr 2000 hatte ich eine Idee für ein Nahrungsergänzungsmittel. Eigentlich hatte ich nicht einmal die Idee. Ich sah ein Produkt in Naturkostläden für 60 Dollar verkauft werden. Ich dachte, es sei ein erfolgreiches Produkt, das nicht richtig vermarktet wurde und in den hinteren Regalen des Ladens begraben war... also kaufte ich eine Flasche für mich.

Im Allgemeinen ist es besser, Produkte zu verkaufen, die nicht in den Läden erhältlich sind... aber da dieses so schlecht platziert war, dachte ich, ich könnte es besser über Direct Response verkaufen.

Das Gute an Nahrungsergänzungsmitteln ist, dass die Hersteller die Zutaten, die sie verwenden, nicht patentieren können. Ich kann eine großartige Kräutermischung entwickeln und Hunderttausende in klinische Studien investieren, dann muss nur jemand die Zutatenliste auf der Seite der Flasche lesen – die gesetzlich vorgeschrieben ist... und sie kopieren mich sofort.

Im Grunde kann ich also eine Flasche von irgendetwas in einem Vitamingeschäft nehmen und zu einem lokalen Vitaminhersteller gehen, der es mir für einen Bruchteil der 60 Dollar produziert, die es in den Geschäften verkauft wird!

Es ist keine Forschung erforderlich. Es sind keine

klinischen Studien erforderlich (wenn das andere Unternehmen bereits eine gesponsert hat oder es eine in den vielen medizinischen Zeitschriften gibt). Du kannst dein eigenes Nahrungsergänzungsmittel mit eigenem Label für ein paar Dollar pro Flasche haben.

Zurück zu meinem Nahrungsergänzungsmittel. Ich war ziemlich überrascht, als ich diese Pillen für 60 Dollar beworben und verkauft sah, obwohl ich sie für 2 Dollar (oder weniger) in großen Mengen herstellen konnte!

Ich erfand einen Namen für mein "neues" Produkt und ließ die Etiketten für die Flaschen vom Pillenhersteller anfertigen. Fertig! Mein eigenes markenregistriertes Nahrungsergänzungsmittel in weniger als einer Woche!

Dann verfasste ich einen Verkaufsbrief für dieses Produkt und fand einige Mailinglisten, an die ich die Verkaufsbriefe schicken konnte.

Manchmal ist es einfacher, ein Produkt zu finden, indem man sich die verschiedenen Arten von Mailinglisten auf dem Markt ansieht. Anstatt also an ein neues Produkt zu denken, schau dir alle verschiedenen Arten von Mailinglisten auf dem Markt und deren Größen an und passe dann ein Produkt an die Liste an.

Jedenfalls, die Pillen wurden in meinem Brief für 60 Dollar verkauft, und denk daran, ich habe sie für 2 Dollar produziert. Es kostete 1,50 Dollar, sie an den Kunden zu versenden, inklusive Luftpolsterumschlag.

Ich habe 6,95 Dollar für Versand und Bearbeitung berechnet: Diese Gebühr deckte die Kosten für die gebührenfreie Telefonnummer, das Gehalt des Bestellannahmepersonals, die Versandkosten, die Kreditkartenbearbeitungsgebühr... und auch die Kosten für die Herstellung der Pillen!

Es ist völlig legal, das zu tun. Deshalb nennt man es Versand- und Bearbeitungsgebühr. Du kannst verlangen, was du willst, für die „Bearbeitung"... selbst wenn dein Kunde weiß, dass es nur 2 Dollar kostet, seine Bestellung zu versenden und du 5 Dollar berechnest... die Differenz ist die Bearbeitungsgebühr.

Im Grunde, wenn mich ein Kunde anrief und diese Pillen für 60 Dollar plus 6,95 Dollar Versand und Bearbeitung bestellte... waren alle 60 Dollar des Verkaufspreises reiner CTO. CTO ist die Abkürzung für Contribution to Overhead.

CTO ist der Nettogewinn nach Zahlung der verkauften Waren.

Von diesem CTO musst du immer noch für Werbung, Versandkosten, Mitarbeiter usw. bezahlen.

Als ich dieses neue Nahrungsergänzungsmittel auf ein paar Mailinglisten testete, war ich angenehm überrascht. Hier ist, was passiert ist: Zum Zeitpunkt des Tests dieses Produkts kostete das Porto 370 Dollar pro tausend Briefmarken.

Es kostete 100 Dollar, um die tausend Namen zu erhalten, an die wir die Verkaufsbriefe schicken wollten.

Etwa weitere 100 Dollar für das Drucken und Versenden der tausend Verkaufsbriefe, die wir an die

Namen auf diesen Listen geschickt haben.

Am Ende ist es vernünftig anzunehmen, dass es 600 Dollar kostet, 1000 Verkaufsbriefe an qualifizierte Gruppen von potenziellen Kunden zu senden.

Da mein Produkt für 60 Dollar verkauft wird... behalte ich alle 60 Dollar, da die Produktionskosten des Produkts durch die Versand- und Bearbeitungsgebühr gedeckt sind.

Der gesunde Menschenverstand würde sagen, dass ich bei einem Versand von 1000 Briefen für 600 Dollar mindestens 10 Bestellungen benötige, um die Werbekosten zu decken.

Angenommen, mein Produkt wäre eine neue Diätpille.

Angenommen, die Mailinglisten, an die wir unsere Verkaufsbriefe schicken, bestehen aus Menschen, die kürzlich Diätpillen gekauft haben, sodass wir wissen, dass sie ideale Interessenten sind.

Okay, wir senden unsere neue, unglaubliche Diätpille an 1000 Personen, die kürzlich tatsächlich die Diätpille eines anderen per Post gekauft haben.

Von den 1000, wie viele denkst du, würden unsere Pille bestellen? Einige würden sagen, 250 von 1000. Ich würde sagen, sie sind verrückt. Einige würden 100 sagen. Auch sie sind verrückt.

Angenommen, 98% der Menschen, an die wir unsere Briefe senden, werfen unsere Verkaufsbotschaft direkt in den Müll... Angenommen, nur 2% unserer Interessenten entscheiden sich, unsere neue, super Diätpille zu kaufen. Machen wir ein bisschen

Mathematik.

Zwei Prozent von 1000 Briefen sind 20 Bestellungen. Denk daran, ich sagte vorher, dass wir mindestens 10 Bestellungen benötigen, um die Kosten zu decken. Da wir 20 Bestellungen erhalten haben, haben wir gerade unser Geld verdoppelt... aber das ist nicht das Beste daran.

Als ich mein Nahrungsergänzungsmittel verkaufte, war ich erstaunt zu sehen, dass jeder Kunde im Durchschnitt 4,4 Flaschen in den nächsten 6 Monaten kaufte. Diese Zahl nennt sich LCV oder Lifetime Customer Value. Darüber werde ich später in diesem Buch sprechen.

Jedenfalls, als ein Kunde dachte, er kaufe eine Flasche Pillen für 60 Dollar... gab er tatsächlich 180 Dollar in den nächsten sechs Monaten aus. Er wusste es nicht... aber aus den statistischen Daten, die ich von früheren Kunden gesammelt hatte, war ich mir sehr wohl bewusst, wie viel jeder Kunde wert war.

Wenn alles gesagt und getan war, war jeder Kunde 180 Dollar in CTO wert. Zurück zu den 2%, die aus meiner Verkaufsbotschaft gekauft haben.

Wir haben 20 Bestellungen à 180 Dollar. Das ergibt 3600 Dollar CTO für jede 1000 Verkaufsbriefe, die ich sende.

Es kostet 600 Dollar, 1000 Briefe zu senden, also können wir mit Sicherheit sagen; ich werde 3000 Dollar für jede 1000 Briefe verdienen, die ich sende. Das ergibt im Durchschnitt 3 Dollar pro Brief.

Was wird passieren, wenn du eine Diätpille oder ein

Anti-Falten-Serum mit der Versandliste von Victoria's Secret testest, die 900.000 FRISCHE NAMEN pro Monat hat? Kannst du wirklich 2,7 Millionen Dollar aus einer einzigen Liste verdienen? Natürlich kannst du!

Und dieses Beispiel bezog sich nur auf den Versand von Verkaufsbriefen an eine einzige Mailingliste! Es gibt viele Möglichkeiten, Produkte über Direct Response zu verkaufen. Du kannst Produkte über Zeitschriftenwerbung, Direktmailing-Verkaufsbriefe, Radiowerbung, Fernsehwerbung, Langform-Infomercials... Internet-Suchbegriffe... Telemarketing... und viele andere verkaufen, über die wir in diesem Buch sprechen werden.

Ich habe sie alle benutzt... aber nur einige davon funktionieren wirklich gut.

Im Grunde ist deine Anzeige oder dein Verkaufsbrief, oder deine Radio- oder Fernsehwerbung der Verkauf multipliziert. All dies nennt man Werbung.

Vergiss all die ausgeklügelten Dinge, die die Werbeagenturen auf der Madison Avenue ihren Kunden erzählen. In einem direkten Wettbewerb, Dollar gegen Dollar, werden die Direct Response Techniken, die du in diesem Buch lernst, immer die ausgeklügelten Sachen übertreffen, die diese Jungs produzieren.

Kannst du mit einer millionenschweren Idee aufwarten? Ich hoffe es. Was ich tun kann, ist, dir zu sagen, welche Art von Produkten du kreieren musst, damit dieses Geschäft für dich funktioniert. Und wenn du diese gewinnbringende Idee hast... gibt es keine besseren Werkzeuge als dieses Buch, um dir zu zeigen, wie du jeden Tropfen Geld aus deiner Idee herauspresst.

KAPITEL 2

Produkte und Arithmetik

In diesem Kapitel sprechen wir über die Arten von Produkten und Dienstleistungen, die sich am besten für Direct Response Marketing eignen. Mir ist es im Grunde egal, was ich verkaufe, solange es profitabel ist. Für mich ist das Produkt lediglich ein Mittel zum Zweck. Ich bin in diesem Geschäft, um Profit zu machen, und zwar möglichst viel, und ich rate Ihnen, dasselbe zu tun.

Natürlich sind die besten Produkte diejenigen, die man selbst herstellt. In diesem Geschäft braucht man große Margen, und beim Verkauf fremder Produkte erreicht man nie die notwendigen Margen, um die Werbekosten zu decken. Es ist viel einfacher, ein eigenes Markenprodukt zu produzieren. Sie müssen Gewinnspannen von nahezu 100% anstreben, was bedeutet, dass die Kosten für die Waren durch die Versand- und Bearbeitungsgebühren gedeckt werden müssen, die Sie Ihren Kunden in Rechnung stellen.

Mein Freund und Mentor Gary Halbert sagt, das Wichtigste beim Verkaufen über Direct Response sei, eine hungrige Menge zu haben. Damit ein Direct Response Produkt gut funktioniert, müssen Ihre potenziellen Kunden ein hohes Maß an Leidenschaft zeigen. Golfspieler sind verrückt ... Menschen, die abnehmen wollen, sind verrückt, und Menschen, die in einem bestimmten Geschäft reich werden wollen, sind ebenfalls verrückt. Außerdem habe ich gelernt, dass Menschen keinen Cent ausgeben, um ein Problem zu verhindern, aber ihr letztes Hemd geben würden, um es zu lösen. Wirklich.

Es ist ratsam, Produkte zu bevorzugen, die zu wiederholten Verkäufen führen. Ein verbrauchbares Produkt ist ideal, weil es in diesem Geschäft zehnmal einfacher ist, zufriedene Kunden zu erneuten Käufen zu bewegen, als ständig neue Kunden zu gewinnen. Die großen Gewinne kommen meist mit dem Back-End, also den wiederholten Verkäufen.

Hier ist ein schneller Weg, um zu sehen, ob Ihre Idee eine Chance auf Erfolg hat, bevor Sie auch nur eine Minute Ihrer Zeit und einen Cent Ihres Geldes investieren, um sie zu testen: Es ist alles eine Frage der Mathematik. Ihr Produkt muss für mehr als 50 Dollar verkauft werden. Heutzutage ist es sehr schwer, mit einem Einzelverkauf unter 50 Dollar profitabel zu sein. Selbst wenn Sie ein Video für 19,95 Dollar verkaufen und den gesamten Betrag behalten könnten. Machen wir etwas Mathematik.

Sie verkaufen dieses Video für 19,95 Dollar durch Direct Response Verkaufsbriefe. Sie benötigen 600 Dollar an Bestellungen für je 1000 Briefe, die Sie versenden. Um die Kosten zu decken, müssen 3% Ihrer Interessenten kaufen. Um wirklich Geld zu verdienen, müssen 6% kaufen, was sehr unwahrscheinlich ist.

Vielleicht können Sie es schaffen, wenn 3% der Liste kaufen und es sich um einen monatlichen Abonnementverkauf handelt, bei dem jeden Monat ein neues Video verschickt wird ... aber dennoch ist 3% eine hohe Zahl. Die meisten Direct Response Angebote erzielen eine Kaufrate von 1% bis 2%.

Hier sind einige optimale Zahlen, die ich bei jedem Projekt, das ich teste, zu erreichen versuche. Sagen wir, ich habe eine Pille, die ich für 59,95 Dollar verkaufen kann und die mir den gesamten Betrag als reinen Profit einbringt. Ich muss nur eine Rücklaufquote (Bestellungen) von 1% erreichen. Das ist realistisch.

Nehmen wir an, jeder Kunde kauft im Durchschnitt vier Flaschen von Ihnen in den kommenden Monaten. Angenommen, die drei zusätzlichen Flaschen kosten 39,95 Dollar bei automatischem Versand. Der LTV (Lifetime Value) des Kunden beträgt dann etwa 180 Dollar.

Wenn Sie 1% Käufe erreichen, geben Sie 60 Dollar für Werbekosten aus, um einen Kunden zu gewinnen. Wenn der Kunde 180 Dollar wert ist, haben Sie eine Rendite von 300% auf Ihren Werbedollar. Das ist realistisch.

Sie sollten Produkte fördern, die Lösungen für Probleme bieten, die Ihre potenziellen Kunden verzweifelt lösen möchten.

Wie können Sie das magische Produkt finden, das Sie verkaufen sollen? Ich mache gerne eine Liste. Auf der einen Seite schreibe ich die Wünsche der Menschen auf. Auf der anderen Seite die Probleme, die die

Menschen haben. Wenn ich 20 Wünsche und 20 Probleme notiere, kann ich mich normalerweise in die richtige Richtung bewegen.

Eine weitere Taktik ist es, in die örtliche Bibliothek zu gehen und im Referenzbereich ein Buch namens "SRDS Direct Marketing List Source" zu suchen. Dieses Buch ist die Bibel im Direct Response Geschäft. Es erscheint alle 60 Tage und listet die Adresslisten auf, die zur Miete auf dem Markt sind. Es ist der einzige legitime Ort, an dem Adresslistenbesitzer ihre Listen zur Nutzung durch Marketer wie Sie und mich bewerben.

Was Sie tun können, ist, sich mit diesem riesigen Buch hinzusetzen und es einfach durchzublättern. Schauen Sie sich die verschiedenen verfügbaren Listen an. Es könnte für Sie als Anfänger einfacher sein, ein Produkt an eine Adressliste oder eine Gruppe von Adresslisten anzupassen.

Nehmen wir ein Beispiel. Angenommen, Sie haben einen Kurs über den Verkauf von Steuerpfandtiteln zusammengestellt. Es spielt keine Rolle, wenn Sie kein „Experte" für Steuerpfandtitel sind ... Sie können es durch Produktrecherche werden. Dies ist eine der größten Schwierigkeiten, die Menschen haben, wenn sie in dieses Geschäft einsteigen. Sie denken, sie seien nicht „qualifiziert", bestimmte Produkte zu verkaufen. Aber wo steht geschrieben, dass man ein Diplom als Experte haben muss? So etwas gibt es nicht!

Zurück zum Kurs. Er besteht aus ein paar CDs und möglicherweise einem Verzeichnis der Staaten, die Steuerpfandtitelverkäufe anbieten. Um dieses

Verzeichnis zu erstellen, müssen Sie nur den Kurs eines anderen bestellen und die Informationen in das Verzeichnis kopieren, das sie anbieten. Ich denke nicht, dass sie die Adressen, Websites und Telefonnummern der Staaten besitzen, die Steuerpfandtitelverkäufe anbieten ... oder?

Was die CDs betrifft ... können Sie einige verschiedene Kurse zu diesem Thema bestellen und einfach Notizen zu den wichtigen Punkten in jedem Kurs machen ... und wenn Sie fertig sind ... alles in einem einzigen Super-Paket zusammenstellen, das Sie Ihr Eigen nennen können! Sie können auch einige „Experten" für Steuerpfandtitelverkäufe finden und sie anrufen, um zu sehen, ob sie bereit sind, Ihnen eine Stunde ihrer Zeit am Telefon zu verkaufen. Stellen Sie ihnen alle Fragen, die Sie hätten, wenn Sie in dieses Geschäft einsteigen würden. Nehmen Sie alles auf und verwandeln Sie diese Kassetten einfach in CDs.

Liefern Sie Ihren Kunden Experteninformationen? Natürlich. Dieser Kurs sollte etwa 8 Dollar in der Produktion kosten. Dazu gehört die Vervielfältigung der CDs, der Druck des Verzeichnisses und das Etui, um alles zusammenzuhalten. Was Sie dann tun, ist, die Adresslisten von Geschäftsmöglichkeiten und Abonnentenlisten von Wirtschaftsmagazinen zu bekommen.

Was Sie als nächstes tun werden, ist, Ihr Angebot zu entwickeln. Ein guter Preis für einen solchen Kurs wäre drei Kreditkartenzahlungen von 59,95 Dollar plus 9,95 Dollar Versand und Bearbeitung. Die 9,95 Dollar decken die Kosten für die Herstellung der CDs, das Verzeichnis, das Etui und natürlich die tatsächlichen Versandkosten, um das Produkt an Ihren Kunden zu liefern.

Im Grunde sind die drei Zahlungen von 59,95 Dollar Ihr reiner Nettogewinn. Wenn Sie eine Rücklaufquote von 1% erreichen ... sind Sie auf einem guten Weg. Wenn Sie 2% erreichen ... sind Sie hervorragend unterwegs.

Angenommen, Sie haben gelernt, Verkaufsbriefe von einem echten Profi zu schreiben (haha) ... und Sie haben es geschafft, dass 2% Ihrer potenziellen Kunden diesen Immobilienkurs kaufen. Das ist realistisch, weil Sie sich nur an Personen richten, die Wirtschaftsmagazine abonnieren ... und an Personen, die gezeigt haben, dass sie an Geschäftsmöglichkeiten interessiert sind, weil sie diese in der Vergangenheit gekauft haben.

Zwei Prozent kaufen für 59,95 Dollar x 3 ... das ergibt 179,85 Dollar. Sie erhalten 20 Bestellungen für die 1000 Briefe, die Sie gesendet haben. Das entspricht 3597 Dollar Bruttoverkauf. Wenn Sie die 600 Dollar abziehen, die es Sie gekostet hat, diese 20 Bestellungen zu erhalten, bleiben Ihnen 2997 Dollar Nettogewinn für je 1000 gesendete Briefe.

Nehmen wir an, Sie haben die Liste der Abonnenten des Magazins ENTREPRENEUR verwendet, die monatlich 50.000 frische Namen hat ... und nehmen wir an, Sie haben zwei weitere Adresslisten von Geschäftskäufern getestet, insgesamt 200.000 potenzielle Kunden, an die Sie diesen Immobilienkursbrief senden könnten.

Nun, 200.000 sind 200 Tausend. Sie machen 2997 Dollar multipliziert mit 200. Wir sprechen hier von 599.400 Dollar Gewinn jeden einzelnen Monat!

Sie behalten den Großteil des Gewinns. Die Kosten, die Ihren Gewinn schmälern, sind Kundenrückerstattungen ... die in den meisten Fällen nicht mehr als 10% betragen ... Sie müssen einige Mitarbeiter bezahlen, um die Anrufe entgegenzunehmen ... Sie zahlen die Stromrechnung usw. Wenn Sie 599.400 Dollar Gewinn erzielen ... ist es vernünftig anzunehmen, dass Sie etwa 500.000 Dollar in der Tasche haben werden, die Sie jeden einzelnen Monat nach Belieben ausgeben können!

Dieser Immobilienkurs hatte kein Back-End zum Weiterverkauf ... aber Sie können die

Ratenzahlungen als Ihr Back-End betrachten ... weil Ihre Interessenten nicht denken, dass sie 179,85 Dollar für den Kurs bezahlen ... ihr Verstand sagt ihnen, dass sie 59,95 Dollar bezahlen ... dreimal.

Aber das sollte Sie nicht davon abhalten, trotzdem Back-End-Produkte auszuprobieren. Sie können einen Newsletter zusammenstellen ... Videokassetten von einem Seminar ... usw.

Ein weiterer Punkt, den Sie berücksichtigen sollten, wenn Sie nach einem Produkt suchen, ist, wie viele Möglichkeiten es gibt, damit Geld zu verdienen. Wenn es nur eine Adressliste gibt und diese nur 2500 frische Namen pro Monat hat, ist dieses Produkt wahrscheinlich keine große Gelegenheit.

Wenn es keine Listen gibt, die auch nur die geringste Chance haben, für Sie zu funktionieren, gibt es wahrscheinlich einen guten Grund dafür - niemand möchte dieses Produkt kaufen.

Wenn es keine Publikationen gibt oder diese kleiner als 50.000 bezahlte Auflagen pro Monat oder alle zwei Monate sind, suchen Sie sich ein anderes Produkt.

Wenn es darum geht, ein Produkt zum Verkauf auszuwählen, sind Ihre Optionen endlos ... solange die Zahlen funktionieren und solange es Menschen gibt, denen Sie es vermarkten können. Sie müssen Ihre Berechnungen machen. Wenn Sie mehr als 2% benötigen, um die Kosten zu decken, und wenn Sie kein Killer-Back-End haben ... oder wenn Sie keine große Adressliste oder Listen im SRDS finden können ... vergessen Sie die Idee, egal wie gut Sie sie finden.

Ein weiteres Kriterium für die Produktauswahl ist, dass es klein, einfach und kostengünstig zu versenden sein muss. Ich denke, Computer sind das schlechteste Produkt, das man über Direct Response verkaufen kann. Sie sind riesig. Sie sind schwer. Die Gewinnmarge ist praktisch null.

Und das Schlimmste ist, dass sie sehr schnell an Wert verlieren! Ich könnte nie in einem Geschäft wie dem der Computer sein ... aber das Softwaregeschäft ist eine ganz andere Geschichte!

Software ist billig zu kopieren. Sie ist leicht zu versenden. Sie können Updates für neue Versionen verkaufen.

Ich würde Ihnen raten, die Augen nach Produkten offen zu halten, die Sie in der Vergangenheit gekauft haben und die den in diesem Kapitel erläuterten

Parametern entsprechen. Versuchen Sie, Ihre eigene Version davon zu erstellen. Sie müssen kein Experte sein oder über irgendwelche „Qualifikationen" verfügen, von denen Sie gedacht haben, dass Sie sie benötigen.

Machen Sie Ihre Produkte einfach zu erstellen. Erfinden Sie keinen Roboterstaubsauger, dessen Entwicklung Tausende von Dollar erfordert.

Hier sind einige Ideen:

- Ein Karate-Trainer erstellt eine Videoserie, die zeigt, wie auch ein Schwächling beeindruckende Tritte ausführen kann.
- Ein Videokurs darüber, wie man Frauen unabhängig von seinen Finanzen, seinem Aussehen oder seiner Nationalität anzieht.
- Ein Anti-Falten-Serum, das die Falten auffüllt und dich in nur 60 Sekunden um 10 Jahre jünger aussehen lässt.
- Eine Pille, die die Brustgröße einer Frau auf natürliche Weise vergrößert ... ohne das Risiko oder die Kosten einer Implantatoperation.
- Ein Sportwetten-Experte bietet für 39,95 Dollar im Monat Zugang zu seiner speziellen Website und gibt dort seine Prognosen bekannt.

Es gibt wirklich keine Grenzen ... solange die Adressliste oder das Magazin für Werbung zur Verfügung steht und die Mathematik funktioniert.

Wenn du wirklich denkst, dass du ein großartiges Produkt hast und es dich 75 Dollar kostet, es herzustellen, und du denkst, du könntest es für 300 Dollar verkaufen, plus 25 Dollar Versand und Bearbeitung – selbst wenn es den Prinzipien widerspricht, die ich in diesem Kapitel lehre ... wenn du dich stark davon überzeugt fühlst – kannst du es versuchen.

Du wirst zwischen 225 und 240 Dollar Nettogewinn pro Bestellung verdienen ... und rate mal was? Wenn du eine Rücklaufquote von 1% erreichst ... wirst du 2250 bis 2400 Dollar Nettogewinn pro 1000 verschickte Briefe erzielen. Wenn du die 600 Dollar für die Verkaufsbriefe abziehst ... bleiben dir immer noch 1650 – 1800 Dollar pro 1000 Briefe.

Ich kenne viele Leute, die sich über diese Zahlen nicht beschweren würden. Und wir sprechen noch nicht einmal über das Back-End, das dieses Produkt möglicherweise oder nicht haben könnte.

Also bitte ... NICHTS IST IN STEIN GEMEISSELT. Durch Regelbrüche entstehen Entdeckungen.

Ein weiteres Hindernis, dem du begegnen könntest, ist die Angst, nicht „gut genug" zu sein, um ein Produkt zu erstellen und es als dein eigenes zu verkaufen. Wenn du ein Golfer wärst und einige Videos erstellen würdest und dir Sorgen machst, dass die echten „großen" Golfer über dich lachen ... vergiss es. Mehr als 90% der Golfer erreichen nicht einmal 100 Punkte und die meisten sind einfache Amateure.

Oder was ist, wenn du ein Produkt erstellst, von dem du denkst, dass es nicht deinen hohen Standards entspricht ... ich würde mir auch darüber keine allzu großen Sorgen machen, aber lass mich das klarstellen. Du solltest immer danach streben, das beste Produkt zu verkaufen und/oder zu erstellen, aber manchmal ist das einfach nicht möglich.

Die Gründe können sein, dass du, um einen bestimmten Preispunkt zu erreichen, an einigen Schlüsselelementen sparen oder eine geringere Qualität verwenden musst. Es gibt nur eine Person, die das Recht hat, dir zu sagen, dass dein Produkt schlecht ist ... und das ist dein Kunde.

Wenn mehr als 10% deiner Kunden eine Rückerstattung verlangen, solltest du das Problem untersuchen und versuchen, es zu lösen ... aber selbst wenn das nicht möglich ist, werde ich dir später in diesem Buch zeigen, wie du so viele Kunden wie möglich behältst.

Es ist nichts Falsches daran, ein minderwertiges Produkt zu verkaufen, und ich werde wahrscheinlich der einzige Direktmarketer sein, der den Mut hat, dir das schriftlich zu sagen.

Wenn du weniger als 10% Rückerstattungen hast und deine Kunden in der Werbung nicht täuschst ... dann verkaufe, verkaufe, verkaufe!

Berücksichtige dies und erinnere dich daran:

Jemand mit überlegenen Marketingfähigkeiten wird immer Millionen von Dollar mehr mit einem durchschnittlichen Produkt verdienen als jemand mit einem weit überlegenen Produkt und schlechten oder keinen Werbefähigkeiten.

KAPITEL 3

Wenn eine Promotion explodiert

Seit 1994 habe ich alle Arten von Produkten über Direktmarketing verkauft – Großhandelsmitgliedschaftsclubs für Unterhaltungselektronik, Computersoftware, "Do-it-yourself"-Bücher und -Kassetten, Premium-Autowachs ... was Ihnen auch einfällt, ich habe es verkauft ... aber meinen größten Erfolg hatte ich mit Nahrungsergänzungsmitteln.

Im Laufe der Jahre versuchten viele Leute, mich davon zu überzeugen, in das Nahrungsergänzungsmittelgeschäft einzusteigen ... aber ich war nie wirklich begeistert von dieser Art von Produkt – es sei denn, es war etwas radikal Anderes. Etwas Radikales kam, als meine Verlobte mir von einem Produkt erzählte, das ihre Friseurin nahm und das alle Frauen im Salon ausprobieren wollten. Ich werde nicht auf die Details eingehen, was das Produkt bewirkte ... denn das ist im Moment nicht wichtig.

Jedenfalls behauptete das Produkt, erstaunliche Dinge zu tun. Ich war ein wenig skeptisch, aber als ich die Website des Vermarkters dieses Produkts durchsah, stellte ich fest, dass sie eine klinische Studie durchgeführt hatten, die zeigte, dass ihr Produkt die Versprechen hielt.

Ich suchte in verschiedenen Vitaminläden nach diesem Produkt, aber ohne Erfolg. Schließlich musste ich in einen anderen Bundesstaat fahren, um diese Sachen zu kaufen! Es kostete stolze 60 Dollar für eine Monatsversorgung.

Auch meine Verlobte war sehr daran interessiert, dieses Nahrungsergänzungsmittel selbst auszuprobieren. Das ist ein Vorteil, wenn man ein Produkt zum Vermarkten auswählt ... wenn du oder dein Ehepartner es leidenschaftlich gerne ausprobieren möchtet ... besteht eine gute Chance, dass auch andere genauso fühlen.

Also, bevor ich überhaupt in Erwägung zog, dieses Produkt potenziell zu vermarkten, musste ich mit eigenen Augen sehen, dass meine Verlobte das gewünschte Ergebnis erhielt, das das Produkt versprach.

Innerhalb weniger Wochen bemerkten wir beide, dass das Produkt tatsächlich das tat, was es versprach ... und es tat es genauso gut, wie es in ihrer klinischen Studie beschrieben war. Dieses Produkt begeisterte mich immer mehr.

Zu diesem Zeitpunkt meines Lebens hatte ich noch nie Nahrungsergänzungsmittel vermarktet oder hergestellt, also war ich ein wenig verwirrt über den Herstellungsprozess. Ich dachte, da diese Dinge im Laden 60 Dollar kosteten, müssten sie den Hersteller

8 bis 15 Dollar kosten ... ich lag falsch!

Im Gespräch mit einem lokalen Vitaminhersteller fand ich heraus, dass er das Produkt kannte und bereits eine "Hausmischung" mit den gleichen Zutaten vorrätig hatte. Alles, was wir tun mussten, war, ein paar Etiketten von einem Grafiker erstellen zu lassen und sie auf die Flaschen zu kleben.

Aber ich würde sagen, der beste Teil dieser Entdeckung war, dass diese Pillen ... die gesamte Monatsversorgung ... in einer Flasche ... mit einem angeklebten Etikett nur 2 Dollar pro Flasche kosteten, wenn ich sie in Chargen von 1000 kaufte ... und dieser Preis würde noch weiter sinken, wenn wir größere Mengen bestellen würden.

Nun, dieses Produkt hatte bisher vier Vorteile ...

Es war ein konsumierbares Produkt – Unsere Kunden müssten jeden Monat eine neue Flasche bestellen, wenn sie weiterhin die Vorteile dieses Produkts genießen wollten.

Es war günstig in der Herstellung, aber hatte einen hohen wahrgenommenen Wert – Ich konnte eine Flasche für zwei Dollar herstellen ... und konnte sie für 60 Dollar verkaufen. Und von diesen 60 Dollar konnte ich 100% behalten, da ich die 2 Dollar Produktionskosten in die Versand- und Bearbeitungsgebühren einfließen ließ, die der Kunde bezahlen würde!

Es war klein und kostengünstig zu versenden. Ich denke, damals berechnete uns die Post 1,87 Dollar, um eine Flasche in einem Luftpolsterumschlag zu versenden. Ich berechnete 6,95 Dollar, um den

Versand und die Bearbeitung (S/H) abzudecken, also waren die Kosten für den Umschlag, die Postgebühr und die Produktkosten alle durch diese Gebühr gedeckt. Und diese Flaschen sind klein, sodass sie keinen riesigen Lagerraum benötigen. Man könnte leicht 2000 Flaschen in einem kleinen Lagerraum unterbringen.

Die Frauen hatten ein großes Problem mit dem, was dieses Produkt löste ... und es gab zu dieser Zeit nur ein anderes Produkt auf dem Markt, das bei diesem Problem half. Und wie gesagt, das Marketing dieses anderen Produkts war miserabel.

Also, was ich zu diesem Zeitpunkt tat, war, 1000 Flaschen meines "neuen" Produkts in die Hände zu bekommen. Tatsächlich habe ich sie nicht "gekauft"; ich habe sie nur beim Lieferanten reserviert.

Ich setzte mich an meinen brandneuen (damals) orangefarbenen iMac und begann zu tippen. Ich schrieb einen wirklich guten Verkaufsbrief und fand drei Adresslisten, die ich zuerst testen wollte.

Ich ließ 9000 Verkaufsbriefe drucken und bestellte die drei Adresslisten. Ich würde 3000 Namen aus jeder Liste testen. Man kann auch mit nur 1000 Briefen testen, aber da ich bereits ein etablierter Vermarkter war ... waren 3000 Briefe fast sparsam.

Eine Sache, die man beachten sollte: Damit die Rücklaufquoten aus einem Test gültig sind ... muss man mindestens 20 Bestellungen erhalten. Wenn also das Ziel ist, eine Rücklaufquote von 1% zu erreichen ... muss man mindestens 2000 Briefe versenden. Der Schlüssel zu diesem Geschäft ist es, klein zu testen und dann in größeren Mengen zu expandieren. Wenn du 2000 Briefe sendest und eine Rücklaufquote von 2,4% erzielst, erhältst du 48 Bestellungen. Das reicht aus, um wissenschaftlich zu sagen, dass du bei einem größeren Versand zwischen 2,2% und 2,6% erzielen wirst. Wenn du jedoch 500 Briefe sendest und 12 Bestellungen erhältst (immer noch 2,4%) ... sind 12 Bestellungen NICHT genug, um wissenschaftlich die Rücklaufquote eines größeren Versands zu bestimmen.

Zurück zu meiner Geschichte.

Ich verschickte 9000 Briefe an 3 Listen mit je 3000 Namen. Alle 9000 erhielten den gleichen Brief.

Ich hatte ein Kodierungsgerät (darüber werde ich später sprechen), das mir sagte, von welcher Adressliste sie bestellt hatten, wenn sie bestellten.

Die Bestellungen begannen einzugehen, und ich schaue mir die Tests immer gerne an ... denn sie sind das Fundament einer Millionen-Dollar-Promotion. Du möchtest sicherstellen, dass alles in Ordnung ist. Einmal hielt ich einen Verkaufsbrief für Golfclubs für einen Misserfolg, weil ich keine Bestellungen aus einem Testversand erhielt. Wenig wusste ich, dass wir die falsche 800-Nummer auf dem Brief hatten. Der Brief mit der richtigen Telefonnummer war ein Erfolg.

Die ersten Bestellungen begannen einzugehen. Ich erinnere mich lebhaft an eine Frau, die sagte, wie sehr sie sich mit dem Verfasser des Verkaufsbriefes identifizierte ... und wie der Brief sie fast zum Weinen gebracht hätte. Sie zückte sofort ihre Kreditkarte. Das fand ich ziemlich lustig. Ich vermute, das ist der Moment, in dem man weiß, dass man ein guter Copywriter ist. Sicher, ich erhielt viele Bestellungen, aber die endgültige Rücklaufquote beeindruckte mich nicht sehr ...

Ich dachte, ich würde eine Rücklaufquote von 2% erzielen ... es waren viel weniger.

Die Liste #1 erzielte nur 10 Bestellungen, und ich brauchte 30, um die Kosten zu decken.

Die Liste #2 erzielte nur 15 Bestellungen, und ich brauchte 30, um die Kosten zu decken.

Die Liste #3 erzielte 30 Bestellungen und erreichte die Gewinnschwelle.

Deshalb muss man verschiedene Adresslisten testen ... man kann auf einer Liste Erfolg haben ... und auf einer anderen Liste ein Desaster erleben ... selbst wenn es theoretisch der gleiche Personenkreis ist! Logik existiert in diesem Geschäft nicht und selbst erfahrene Profis wie ich scheitern manchmal daran, genügend Bestellungen zu erhalten.

Also hatten wir eine Liste, die die Gewinnschwelle erreichte. Viele Direktmarketer sagen, dass das Erreichen der Gewinnschwelle 90% des Erfolgs ausmacht. Nun musst du die Promotion verbessern.

Wir versuchten, den Kunden größere Mengen an Flaschen zu verkaufen. Anstatt nur eine Flasche sofort für 60 Dollar zu kaufen ... versuchten wir, sie dazu zu bringen, 4 Flaschen für 139,95 Dollar zu bestellen ... aber das funktionierte nicht gut.

Im Nahrungsergänzungsmittelgeschäft haben wir

festgestellt, dass es schwierig ist, Frauen mehrere Flaschen im Voraus zu verkaufen – selbst wenn sie zu einem reduzierten Preis angeboten werden, weil sie skeptisch sind, ob das Produkt für sie funktioniert ... also wechselten wir zu Plan B.

Ich war enttäuscht, dass die Zusatzverkäufe nicht funktioniert hatten. Aber ich hatte die Idee, die Kunden automatisch in einen Bevorzugten Kundenclub einzuschreiben, wo sie Anspruch auf zukünftige Lieferungen mit einem Rabatt von 20 Dollar hatten, und ich sagte, dass sie diese zukünftigen Lieferungen automatisch erhalten würden. Ich formulierte das so, dass es ganz zu ihrem Vorteil war ... während sie tatsächlich einen Rabatt bekamen ... hatte ich einen offenen Vertrag mit ihnen.

Wenn eine Frau ein Nahrungsergänzungsmittel ausprobiert, auch wenn sie vielleicht nicht bereit ist, sofort 4 Flaschen zu kaufen ... wenn diese Pillen oder Cremes oder was auch immer ihnen zeigen, dass es funktioniert, wird sie Schlange stehen und dich anflehen, ihr nächsten Monat eine neue Lieferung zu schicken.

Hier ist der Text meines Absatzes:

"Wenn Sie zu den ersten 200 Bestellern gehören, erhalten Sie eine KOSTENLOSE Mitgliedschaft in unserem Bevorzugten Kundenclub, in dem Sie Anspruch auf einen vollen Rabatt von 20 Dollar auf alle zukünftigen Flaschen (Produktname) haben. Und um sicherzustellen, dass Sie keinen Tag ohne (Produktname) in Ihrem System verbringen müssen, erhalten Sie automatisch alle 30 Tage eine neue Flasche, und Ihre Kreditkarte wird mit dem Club-

Mitgliederpreis von 39,95 Dollar plus 6,95 Dollar S/H belastet – nicht der Tarif von 59,95 Dollar, den Nicht-Mitglieder zahlen müssen. Es gibt keine Mindestanzahl von Flaschen, die Sie kaufen müssen, und Sie können jederzeit kündigen. Die Nummer, die Sie anrufen müssen, ist 1-800-123-4567, und Sie können 24 Stunden am Tag, 7 Tage die Woche anrufen."

Das Hinzufügen dieses Absatzes war der einzige Unterschied zum ursprünglichen Verkaufsbrief, der die Gewinnschwelle erreicht hatte. Ich bestellte eine weitere Charge frischer Namen beim Listenbroker und ließ diese neuen Briefe mit dem magischen Absatz drucken. Wir verschickten 3000 Briefe und drückten die Daumen.

Siehst du, während ein Back-End in diesem Geschäft ein Muss ist ... macht eine "automatische Lieferung" das Back-End 100-mal profitabler. Beachte, wie der Absatz formuliert ist, als würde ich ihnen einen Gefallen tun, indem ich sicherstelle, dass ihre frische Flasche rechtzeitig da ist. Obwohl es wahr ist, dass sie die automatische Lieferung und einen reduzierten Preis erhielten ... war ich der wahre Gewinner, weil ich ihre Kreditkarte jeden Monat automatisch belasten konnte, bis sie anriefen und mich baten, damit aufzuhören. Das ist super profitabel und absolut legal.

Jedenfalls ... zurück zu dem, was passierte, als ich die 3000 Verkaufsbriefe mit diesem Absatz verschickte.

Ich wies unsere Bestellannahmemitarbeiter an, den Bevorzugten Kundenclub nicht zu erwähnen, es sei denn, der Anrufer fragte danach. In dem Brief hätten sie die 800-Nummer nicht gefunden, wenn sie den Absatz nicht gelesen hätten, weil ich die 800-Nummer in diesen Absatz eingefügt hatte. Der Grund, warum ich nicht wollte, dass unsere Bestellannahmemitarbeiter den Bevorzugten Kundenclub erwähnten, war, dass, wenn jemand anrief, um zu bestellen und keine Fragen dazu stellte, meine Worte im Brief den Verkauf richtig gemacht hatten. Wenn dieser Club ein Hindernis gewesen wäre, hätten sie nie angerufen, um zu bestellen ... oder sie hätten zumindest gefragt, ob sie nicht Teil des Clubs sein könnten, was eine kleine Prozentzahl tat. Und nicht nur das, sondern ich wollte auch nicht, dass ein Bestellannahmemitarbeiter "unterverkauft", was ich im Brief gemacht hatte. Wenn du diese Verkaufsbriefe in großen Mengen verschickst ... kannst du nicht alle Bestellungen selbst entgegennehmen. Du wirst Fremde haben, die das Telefon beantworten und nicht so gut über einige Dinge sprechen können wie du.

Also begannen die neuen Bestellungen einzugehen ... und wir erwähnten nichts über den Bevorzugten Kundenclub. Die erste Anruferin tätigte ihre Bestellung und legte auf ... nur um sofort wieder anzurufen. Ich hörte unseren Bestellannahmemitarbeiter "Bevorzugten Kundenclub" sagen ... und dachte mir ... "Ah ... sie ruft zurück, um sich vom Club abzumelden." Nachdem der Bestellannahmemitarbeiter aufgelegt hatte, ging ich zu ihr und fragte, warum die Dame zurückgerufen hatte. Ich war fast sprachlos, als sie mir sagte ... die Dame hatte zurückgerufen und gesagt:

"WAR ICH EINE DER ERSTEN 200 ANRUFER? BIN ICH IM BEVORZUGTEN KUNDENCLUB, RICHTIG?"

Diese Frauen wollten tatsächlich Teil des Clubs sein! Na, na, na!

Nach ein paar Monaten überprüfte ich, wie viele Monate (Flaschen) diese Frauen mein Nahrungsergänzungsmittel weiterhin einnahmen. Der Durchschnitt lag bei 4,4 Monaten.

Ich rundete auf 4 Monate auf. Also, sie riefen an und bestellten eine erste Flasche für 50 Dollar, dann schickte ich ihnen in den nächsten 90 Tagen weitere 3 Flaschen für je 40 Dollar. Da es mich 50 Dollar kostete, die erste 50-Dollar-Bestellung hereinzuholen (Gewinnschwelle) ... summierten sich die drei Verkäufe zu je 40 Dollar auf 120 Dollar ... was eine Rendite von über 300% auf meinen Werbedollar war. Wo sonst kannst du eine monatliche Rendite von 300% erzielen ... Das ist eine jährliche Rendite von 3600% ... und die Promotion ist nur ein Gewinnschwellen-Erfolg ... nicht einer meiner größten Erfolge!

Ich konnte eine Datenbank von 10.000 Frauen aufbauen, die dieses Produkt monatlich erhielten, was zu einem Jahresumsatz von über 5 Millionen Dollar führte! Hätte ich nur eine Adressliste getestet ... hätte ich nicht diejenige entdeckt, die die Gewinnschwelle erreichte ... Hätte ich nicht an den Bevorzugten Kundenclub gedacht ... hätte ich nicht entdeckt, dass ich trotzdem eine Rendite von 300% erzielen konnte.

Ich konnte dieses Produkt auf 10.000 Verkäufe pro Monat ausbauen, indem ich jeden Monat nur 2500 neue Kunden von einer Liste mit 25.000 Namen akquirierte, von der ich eine Rücklaufquote von 1% erzielte. Die 2500 Kunden erhielten im Durchschnitt 4 Flaschen ... also 2500 multipliziert mit der Kundenlebensdauer von 4 Monaten ergab 10.000 monatliche Verkäufe.

Während dieses Produkt gut war – mir und meinem 50/50-Partner wöchentlich jeweils 10.000 Dollar einbrachte ... war es nur ein Sprungbrett für mein nächstes Nahrungsergänzungsmittel.

Diesmal dachte ich, ich könnte versuchen, ein Nahrungsergänzungsmittel zu entwickeln, das Männer kaufen würden. Schließlich ... ich bin ein Mann und vielleicht kann ich einen besseren Brief schreiben, weil ich wirklich weiß, wie sie sich fühlen ... während ich mich bei der letzten Werbebotschaft nur auf das verlassen konnte, was mir Frauen erzählten.

Ich ließ meinen Vitaminhersteller eine Kräutermischung für mich entwickeln – das kostete nichts, da ich die Pillen über sie produzieren würde.

Ich schrieb den Verkaufsbrief. Es war im Wesentlichen das gleiche Angebot wie bei dem ersten Nahrungsergänzungsmittel ... die erste Flasche für 59,95 Dollar plus 6,95 Dollar Versand und Bearbeitung und dann würden sie automatisch in meinen Bevorzugten Kundenclub aufgenommen und erhielten automatische monatliche Lieferungen.

Ich wäre glücklich gewesen, wenn dieses Produkt die

gleiche Gewinnschwelle erreicht hätte wie das erste für Frauen ... da dieses Produkt 10-mal mehr Listen hatte, um die Gewinnschwelle zu erreichen ... wodurch eine größere Anzahl von Clubmitgliedern bei der automatischen Lieferung erzielt würde.

Ich schickte den Brief an vier verschiedene Listen in Mengen von jeweils 3000 ... Liste #1: Maxim-Magazin, Liste #2: Playboy-Magazin, Liste #3: Käufer des Adam & Eve-Katalogs und Liste #4: Käufer des "männlichen" Katalogs von Frederick's of Hollywood.

Die Endergebnisse nach 30 Tagen waren erstaunlich ...

Liste #1: Wir brauchten 30 Bestellungen, um die Kosten zu decken ... wir erhielten 60!

Liste #2: Wir brauchten 30 Bestellungen, um die Kosten zu decken ... wir erhielten 60!

Liste #3: Wir brauchten 30 Bestellungen, um die Kosten zu decken ... wir erhielten 90!

Liste #4: Wir brauchten 30 Bestellungen, um die Kosten zu decken ... wir erhielten 90!

Diese Zahlen waren phänomenal ... aber das Unglaublichste war, dass ich es auch schaffte, im Durchschnitt 4 Flaschen pro Kunde über den Bevorzugten Kundenclub zu verkaufen! Jeder Kunde war für uns 180 Dollar wert und jeder Test von 3000 Namen kostete uns nur 1800 Dollar für den Versand! Rechne selbst.

Zu einem bestimmten Zeitpunkt erzielten wir fast 1,2 Millionen Dollar Gewinn pro Monat!

Aber das war noch nicht alles.

Ich schaltete sofort Werbung in allen Männermagazinen ... ganzseitige Anzeigen ... und alle erzielten das gleiche Profitverhältnis wie das Direktmailing (etwa 6-fach) ... dann schaltete ich ganzseitige Anzeigen in jeder Zeitschrift und alle erzielten ebenfalls ein Verhältnis von 600% zwischen Verkäufen und Werbekosten.

Ich platzierte dieses Produkt in 60-Sekunden-Radiospots. Wir erzielten eine Rendite von 600% auf unsere Werbekosten.

Ich platzierte dieses Produkt in 60-Sekunden-TV-Spots. Wir erzielten eine Rendite von 600% auf unsere Werbekosten.

Am Ende gaben wir 1,25 Millionen Dollar pro Monat für TV-, Radio-, Magazin-, Internet- und Direktmailing-Werbung aus. Wir erzielten 7,5 Millionen Dollar Umsatz ... über 4 Millionen davon waren Gelder, die mein Partner und ich zu gleichen Teilen aufteilten. Ja, ich verdiente etwa 24 Millionen Dollar pro Jahr. Es dauerte nur 24 Monate, um das Unternehmen auf diese Größe zu bringen. Ich startete es mit den 9000 Testbriefen, die mich 5400 Dollar für den Versand kosteten.

Ich reinvestierte meine Gewinne. Ich hatte keine Risikokapitalgeber. Ich verkaufte keine Aktien. Ich nahm kein Geld aus meinen Ersparnissen, um dieses Unternehmen aufzubauen. Es wurde alles selbst finanziert.

Wenn eine dieser Promotionen „explodiert" ... wirst du erstaunt sein, wie es sich anfühlt.

KAPITEL 4

Die Mailinglisten

In diesem Kapitel behandeln wir wahrscheinlich den wichtigsten Aspekt für den Erfolg oder Misserfolg von Direktmailings. Ein großartiger Verkaufsbrief, der ein hervorragendes Produkt an eine schlechte Liste verkauft, wird niemals so gut abschneiden wie ein mittelmäßiger Brief, der ein mittelmäßiges Produkt an eine heiße Adressliste verkauft.

Wenn es eine Möglichkeit gibt, in diesem Geschäft betrogen zu werden, dann geschieht das an einem der vier Orte – bei den Adresslisten (ich werde alle vier Orte später ausführlich behandeln, die anderen drei sind: bei der Druckerei, bei der Post oder bei den nicht geprüften Auflagenangaben von Zeitschriften).

Aber jetzt sprechen wir über Adresslisten, also lassen Sie uns weitermachen.

Zuerst einmal sollten Sie niemals eine Adressliste in Betracht ziehen, wenn sie nicht im SRDS Direct Mail List Source Buch aufgeführt ist. Wenn Sie versuchen, eine dieser Adresslisten zu testen, die in Entrepreneur Magazine oder Small Business Opportunities Magazine beworben werden ... würde ich Ihnen raten, Ihr Geld zu sparen und sich auf das SRDS-Buch zu konzentrieren. Die anderen

Adresslisten sind normalerweise sehr schlecht zusammengestellt und glauben Sie mir – aus meiner Erfahrung haben sie nie funktioniert, und ich kenne niemanden, der damit Erfolg hatte.

Es gibt verschiedene Arten von Adresslisten:

1. Käuferlisten: Diese Listen bestehen aus realen Personen, die beim Unternehmen gekauft haben. Die Käuferliste des Victoria's Secret Katalogs ist eine Liste aller Personen, die aus ihrem Katalog gekauft haben, und Sie können sie nach Datum auswählen. Die Namen der letzten 12 Monate, der letzten 6 Monate, der letzten 3 Monate, sogar die HOTLINES der Käufer des letzten Monats. Käuferlisten sind die stärksten Adresslisten, die man mieten kann.

2. Abonnentenlisten: Diese Listen sind, was sie sagen ... Abonnenten einer Zeitschrift ... oder eines Newsletters. Obwohl diese Listen großartig sind und einige der größten Listen darstellen, sind sie weniger stark als tatsächliche Käuferlisten ... ein Teil des Grundes ist, dass Abonnements auf verschiedene Weisen verkauft werden. Abonnements, die per Direktmailing verkauft werden, Abonnements, die durch Wettbewerbe (wie Publisher's Clearing House) verkauft werden, kostenlose 3-Monats-Abonnements ... Abonnements mit Zahlungsverzug usw. Natürlich sind die besten Abonnenten diejenigen, die per Direktmailing verkauft wurden. Wenn

möglich, eliminiere ich manchmal alle Abonnenten, die durch Wettbewerbe verkauft wurden, aus den Listen, die ich teste.

3. Zusammengestellte Listen: Diese Listen sind die schwächsten der drei, aber manchmal habe ich es geschafft, sie zum Laufen zu bringen. Zusammengestellte Listen bestehen aus Daten, die auf irgendeine Weise gesammelt und organisiert wurden. Vor Jahren hatte ein Unternehmen namens RL POLK (jetzt im Besitz von EQUIFAX) eine zusammengestellte Liste, die ich getestet habe und die für mich ZWEIMAL bei zwei separaten Angeboten funktionierte. Diese Liste wurde durch Garantiekarten zusammengestellt. Sie wissen, wenn Sie einen Computer kaufen und die Garantiekarte hat eine Million Fragen, und Sie fühlen sich verpflichtet, jede einzelne Frage zu beantworten, sonst könnte Ihre Garantie erlöschen ... nun, diese Daten gingen direkt an RL POLK.

Ich habe einen ziemlich systematischen Ansatz für das Mieten von Adresslisten. Hier ist, wie ich es angehe:

1. Ich möchte die großen HOTLINES. Ich möchte wissen, dass ich mich jeden Monat auf einen frischen Zustrom von Leads für meine Verkaufsbriefe verlassen kann.

2. Ich teste nur von Unternehmen und/oder Zeitschriften, von denen ich tatsächlich gehört habe. Wenn die Liste von einem Unternehmen

stammt, von dem Sie noch nie gehört haben ... ich sage nicht, dass Sie sie nicht verwenden sollen ... ich sage, dass Sie sie nicht zuerst testen sollten.

3. Ich mag Listen, bei denen die Kunden viel bezahlt haben, um darauf zu kommen ... möglicherweise mehr, als ich für mein Produkt verlange. Sie werden diese Statistik im Bereich AVG. UNIT SALE auf der Datenkarte sehen. Dies ist ein weiterer Grund, warum Abonnentenlisten nicht so effektiv sind wie Käuferlisten ... Zeitschriftenabonnements sind billig – normalerweise unter 20 Dollar.

Aber ich habe auch den Großteil meines Geldes mit Abonnentenlisten verdient, und das aus mindestens zwei Gründen. Zeitschriften-Abonnentenlisten sind normalerweise riesig. Ich würde lieber einen Dollar auf einer Million Namen verdienen als vier Dollar auf 25.000 Namen ... sind Sie nicht einverstanden? Es gibt einen Unterschied zwischen mächtig und profitabel.

Die meisten Bücher über Direktmailing werden Ihnen die RFM-Richtlinien erläutern, die Sie bei der Auswahl einer Adressliste im Auge behalten sollten. Ich denke, es lohnt sich, diese zu betrachten.

R F M

Recency (Aktualität)

Das ist das Wichtigste. Das bedeutet, wie aktuell der Name ist. Menschen neigen dazu, in Wellen zu kaufen. Sie wollen sie erwischen, wenn sie in dieser Welle sind. Es kann 30 Tage dauern ... es kann 6 Monate dauern. Offensichtlich gilt: Je frischer, desto besser. Hier macht die Logik keinen Sinn. Man denkt, dass jemand, der letzten Monat eine Diätpille gekauft hat, nicht bereit wäre, Ihre Marke für mindestens zwei Monate auszuprobieren. Aber so funktioniert es nicht. Das Gleiche gilt für Menschen, die nach Geschäftsmöglichkeiten suchen. Man denkt, wenn jemand letzten Monat ein Buch darüber gekauft hat, wie man Geld verdient, würde er nicht für mindestens ein paar Monate ein weiteres Buch darüber kaufen, aber so funktioniert es nicht. Wenn sie letzten Monat eine Diätpille gekauft haben ... wird es einfacher sein, ihnen vier Wochen später eine andere Pille zu verkaufen als zwölf Monate später.

Frequency (Häufigkeit)

Das ist das Zweitwichtigste. Häufigkeit bedeutet, wie oft dieser bestimmte Kunde gekauft hat. Mehrfachkäufer sind doppelt so wahrscheinlich zu kaufen wie Einzelkäufer. Je öfter sie gekauft haben, desto mächtiger sind sie.

Monetary (Monetär)

Das ist das Unwichtigste der drei, aber immer noch relevant. Monetär bedeutet, wie viel dieser Kunde ausgegeben hat, um auf diese Liste zu kommen. Offensichtlich wird es einfacher sein, Ihr 60-Dollar-Produkt an eine Liste von Kunden zu verkaufen, die alle 500 Dollar ausgegeben haben, um etwas zu kaufen, als dasselbe 60-Dollar-Produkt an eine Liste von Personen zu verkaufen, die 10 Dollar ausgegeben haben, um auf die Adressliste zu kommen.

KAPITEL 5

Werbung in Zeitschriften

Wie man vorab weiß, ob Werbung in einer bestimmten Zeitschrift Ihnen Gewinn bringt oder Geld kostet.

Grundsätzlich ist das alles, was zählt. Wenn ich Ihnen geraten habe, eine Adressliste auszuwählen und dann ein Produkt daran anzupassen ... würde ich nicht dasselbe für Zeitschriftenwerbung empfehlen.

Wenn Sie ein neues Produkt testen, kann der Kauf von Werbeflächen in Zeitschriften für Tests viel teurer sein als das Testen einiger tausend Verkaufsbriefe per Post ... und die Antwort, die Sie vom Direktmailing erhalten, kommt viel schneller als die Ergebnisse einer Zeitschriftenwerbung, da es drei Monate dauern kann, bis Ihr Material in den Regalen der Zeitschriften erscheint.

Aber ich denke immer noch, dass es einfacher ist, Werbung in Zeitschriften „zum Laufen zu bringen" als Verkaufsbriefe ... aus einem einfachen Grund: Die Adressliste, die Sie auswählen, ist eine riesige Variable für Ihren Erfolg. Ich würde sagen, dass es eine 40% bis 50% Chance gibt, dass die Adressliste, die Sie auswählen, Ihren Test zum Scheitern bringt. Es ist einfacher, betrogen zu werden oder einfach die falsche Adressliste zu mieten, als eine schlechte Publikation für Werbung auszuwählen.

Es ist sehr gut möglich, 3000 Verkaufsbriefe zu verschicken und keine einzige Bestellung zu erhalten! Ich habe vor ein paar Monaten einen Test mit 4000 Briefen durchgeführt und keine einzige verdammte Bestellung erhalten!

Andererseits ... solange Sie in einer Zeitschrift werben, die Sie tatsächlich in den Regalen der Kioske finden können ... bin ich sicher, dass Sie mindestens einige Bestellungen erhalten werden. Der Trick besteht darin, herauszufinden, ob Sie mehr Geld durch Bestellungen einnehmen können, als Sie für die Werbung ausgeben müssen.

Halten Sie sich von neuen Zeitschriften fern

Wenn eine allgemeine Publikumszeitschrift neu ist und nicht mindestens ein Jahr lang verkauft wurde, würde ich keine Werbung darin schalten. Ich meine Zeitschriften wie FHM, MAXIM, COSMO, usw.

Wenn Sie ein Produkt in einem Nischenmarkt wie Car-Audio haben und eine neue Zeitschrift für Car-Audio erscheint, würde ich sagen, dass es sich lohnt, einen Test zu machen, da diese Zeitschrift eine "Special Interest"-Zeitschrift ist. Die Leute, die sie am Kiosk kaufen, sind wahrscheinlich Auto-Stereo-Enthusiasten. Es sind keine zufälligen Typen, die ein Exemplar von EDGE kaufen, einem MAXIM-Imitat.

Wenn Sie unbedingt eine neue Zeitschrift testen

möchten ... hier ist der einzige Weg, dies zu tun:

Sagen Sie dem Werbevertreter, dass Sie skeptisch sind, weil sie neu sind. Bitten Sie darum, Ihre Anzeige kostenlos zu schalten, und wenn sie funktioniert, geben Sie ihnen einen 12-Monats-Vertrag. Wenn sie nicht zustimmen ... vergessen Sie sie.

Kosten pro Tausend (CPM)

Alle Werbeflächen in Zeitschriften werden auf CPM-Basis verkauft. So bewerten wir Profis, wie viel wir für den Platz bezahlen. Ich kann Ihnen sagen ... in den frühen 90ern konnte ich ganzseitige Anzeigen in Zeitschriften wie MOTOR TREND für 10 Dollar pro Tausend kaufen. Heute (2005), wenn Sie hart verhandeln und 20 bis 30 Dollar pro Tausend zahlen, haben Sie gut verhandelt.

So berechnet man den CPM: Die Zeitschriften zählen, wie viele Abonnenten und wie viele Kioskverkäufe sie pro Ausgabe haben. Angenommen, sie haben 500.000 Kioskverkäufe und 500.000 Abonnenten. Das bedeutet, dass sie eine bezahlte Auflage von 1 Million haben.

Merken Sie sich das Wort BEZAHLTE AUFLAGE. Jedenfalls haben sie eine Million Leute, die die Ausgabe kaufen. Wenn Sie eine ganzseitige Anzeige in ihrer Zeitschrift schalten, möchten Sie nicht mehr als 20.000 bis 30.000 Dollar pro Million zahlende Leser bezahlen.

Wenn Sie eine ganzseitige Anzeige haben, die in Publikation A sehr gut funktioniert und Sie 25

Dollar/M für eine ganzseitige Anzeige bezahlen ... wenn Sie in Publikation B werben, möchten Sie 25 Dollar/M oder weniger bezahlen.

Versuchen Sie immer, weniger zu bezahlen. Je weniger Sie zahlen, desto mehr Geld können Sie behalten, und das ist das Ziel.

Verifizierte Auflage

Zeitschriften können über ihre Auflage lügen. Viele neue Publikationen tun dies. Um Unternehmen eine faire Bewertung der verschiedenen Zeitschriften zu ermöglichen, in denen sie werben können, gibt es zwei unabhängige Auflagenprüfer, die von den Zeitschriften beauftragt werden, um ihre Leserzahlen zu validieren. ABC ist derjenige, von dem die meisten Zeitschriften überprüft werden.

Was dieses Unternehmen tut, ist, die Zahlen der Zeitschrift zu prüfen. Jede Zeitschrift, die behauptet, eine bezahlte Auflage von über 250.000 zu haben und kein ABC-Audit hat, ist nicht glaubwürdig.

Die wirklich wichtigen Zahlen, die Sie auf dem rosa Audit-Sheet sehen sollten, sind die bezahlten Abonnenten und die bezahlten Kioskverkäufe. Addieren Sie diese beiden und bewerten Sie dann Ihren CPM anhand dieser Zahl.

Die "Gesamtleserschaft"-Abzocke

Diese Abzocke ist lustig, und ich hasse Zeitschriften, die versuchen, sie bei mir durchzuziehen. Hier ist, worum es geht: Zeitschrift A behauptet, 500.000 Leser zu haben. Das Schlüsselwort ist "Leser". Die meisten Werbetreibenden würden annehmen, dass die Zeitschrift 500.000 Exemplare pro Ausgabe verkauft. FALSCH!

Wenn Sie das Glück haben, eine Zeitschrift zu haben, die Ihnen von ihrer Gesamtleserschaft erzählt ... sagen Sie ihnen, dass das schön ist ... aber Sie sind daran interessiert, wie viele BEZAHLTE AUFLAGEN sie pro Ausgabe haben.

Die BEZAHLTE AUFLAGE ist die einzige Zahl, die Sie interessiert. Wenn Sie diese Frage stellen, muss Zeitschrift A, die mit 500.000 Lesern prahlte, Ihnen sagen, dass sie jeden Monat 100.000 Exemplare verkaufen, aber eine Umfrage, die sie durchgeführt haben, besagt, dass ihre Zeitschriften von 4 weiteren Personen gelesen werden, zusätzlich zu demjenigen, der das Originalexemplar gekauft hat. Dies wird auch als "Weitergabeleserschaft" bezeichnet.

Es ist egal, wie man es nennt, es ist eine Abzocke. Der CPM muss NUR auf der tatsächlichen bezahlten Auflage basieren.

Erscheinungshäufigkeit

Zeitschriften erscheinen mit verschiedenen Frequenzen. Einige erscheinen monatlich ... einige alle zwei Monate ... einige vierteljährlich ... einige JEDER WOCHE! Hier ist, was ich Ihnen zur Frequenz sagen kann:

Eine Zeitschriftenanzeige muss einen Gewinn

erzielen, bevor die nächste Ausgabe erscheint. Monatliche und zweimonatliche Zeitschriften sind gut. Alles andere ist entweder zu schnell oder zu langsam, um die Werbedollars zurückzugewinnen und einen Gewinn zu erzielen.

Verhältnis zwischen Kioskverkäufen und Abonnenten

Zeitschriften sollten ein Gleichgewicht von 50/50 zwischen Abonnenten und Kioskverkäufen haben. Wenn eine Zeitschrift zu viele Abonnenten im Verhältnis zu den Kioskverkäufen hat, wird Ihre Werbung schneller "ausgebrannt", da die Basis statisch ist − die Abonnenten sind jeden Monat dieselben Leser, während die Kioskverkäufe es möglicherweise nicht sind ... außerdem muss ein Kiosk-Käufer tatsächlich aufstehen und die Zeitschrift jeden Monat kaufen. Sie können sicher sein, dass er sie von der Titelseite bis zur letzten Seite liest. Ein Abonnent erhält eine Ausgabe per Post ... er hat viel weniger für die Zeitschrift bezahlt als der Kiosk-Käufer ... das Abonnement könnte ein Geschenk von jemand anderem gewesen sein ... er könnte seine Post monatelang nicht einmal durchsehen. Kiosk-Leser sind von besserer Qualität.

Suchen Sie nach einem 50/50-Verhältnis ... und wenn der Prozentsatz der Kioskverkäufe höher ist, ist das gut. Aber verstehen Sie, dass, wenn eine Zeitschrift 90% Abonnenten und 10% Kioskverkäufe hat, Ihre Werbung schneller ausbrennen könnte.

Rechts und so hoch wie möglich

Wenn Sie eine Anzeige schalten, stellen Sie immer sicher, dass Sie eine rechte Seite bekommen ... und fragen Sie, ob Sie so hoch wie möglich platziert werden können. Aber stellen Sie auf jeden Fall sicher, dass Sie eine rechte Seite bekommen. Wenn sie extra Geld dafür verlangen ... suchen Sie sich eine andere Publikation, in der Sie werben können ... es sei denn, sie bieten Ihnen trotzdem einen außergewöhnlichen CPM.

Sie werden bessere Ergebnisse erzielen, wenn Sie auf der rechten Seite der Zeitschrift sind.

Wenn Sie eine kleinere Anzeige als eine ganzseitige Anzeige schalten, möchten Sie dennoch, dass sie auf der rechten Seite und so hoch wie möglich ist.

Fraktionierte Werbung

Vielleicht haben Sie noch nicht genug Geld, um ganzseitige Anzeigen zu schalten, und das ist in Ordnung. Sie können fraktionierte Anzeigen schalten. Diese Anzeigen sind 1/3 Seite ... 1/2 Seite ... 2/3 Seite ... sogar 1/12 Seite.

Hier ist meine Theorie. Ich würde lieber eine ganzseitige Anzeige in einer Zeitschrift mit kleinerer Auflage haben, als eine kleinere Anzeige in einer größeren Publikation.

Denken Sie daran, Sie müssen immer noch etwas in Ihrer Anzeige verkaufen. Die meisten Produkte benötigen eine ganze Seite, wenn sie direkt von der Seite verkauft werden sollen.

Wenn Sie fraktionierte Anzeigen schalten, wählen Sie eine vertikale 1/2 Seite anstelle einer horizontalen 1/2 Seite ... versuchen Sie, die Anzeige in der oberen rechten Ecke der Seite zu platzieren. Wenn Sie versuchen, Ihr Produkt direkt von der Seite zu verkaufen ... benötigen Sie mindestens eine 1/2-Seite-Anzeige.

Verhandeln der Anzeigenkosten

Hier sind einige bewährte Methoden, um die Preise bei Verlagen zu senken:

1. Eigene Werbeagentur: Sagen Sie dem Werbevertreter, dass Sie Ihre eigene interne Werbeagentur sind. Diese Worte sparen Ihnen sofort 15%. Werbeagenturen erhalten 15% Provision auf alle Anzeigen.

2. Direktmarketing: Stellen Sie sicher, dass Sie ihnen mitteilen, dass Sie ein Direktmarketing-Werbetreibender sind. Dies könnte Ihnen einen neuen Satz einbringen, der bis zu 25% niedriger ist. Der Grund ist einfach. Die Verlage wissen, dass Sie als Direktmarketing-Werbetreibender die Verkäufe aus Ihrer Anzeige zählen. Allgemeine Werbetreibende tun dies nicht, daher weiß der Verlag, dass er davon profitieren kann. Die Werbeagentur des allgemeinen Werbetreibenden kümmert sich nicht viel darum, da sie eine Provision von 15% auf die gesamten Anzeigenkosten erhält, die das Unternehmen schaltet. Je mehr die Zeitschrift berechnet, desto mehr verdient die

Agentur an Provisionen.

3. Zahlung im Voraus: Eine weitere Technik, um den Preis der Anzeigenkosten zu senken, besteht darin, nach einem „Skonto für Vorauszahlung" zu fragen, falls dies angeboten wird. Dadurch können Sie zusätzlich 3% sparen.

4. Tarif für 12 Anzeigen: Sagen Sie dem Werbevertreter, dass Sie den Tarif für 12 Anzeigen möchten. Natürlich, wenn die Anzeige für Sie funktioniert, werden Sie weiterhin mehr Anzeigen in der Zeitschrift schalten, richtig? Wenn es nicht gut läuft, sind Sie nicht verpflichtet, weitere Anzeigen zu schalten – auch wenn Sie gesagt haben, dass Sie weitere 11 Anzeigen schalten würden. Keine Zeitschrift hat mich jemals verklagt, weil ich einen Vertrag abgebrochen habe, wenn ich den Rest meiner 11 Monate nicht beworben habe.

Durch die Kombination all dieser Techniken sollten Sie in der Lage sein, den Preis für eine einzelne Anzeige um bis zu 50% zu senken.

Doppelseiten sind Mist!

Doppelseitenanzeigen sind zweiseitige Anzeigen, eine auf der linken und eine auf der rechten Seite. Sie sehen gut aus und geben Ihnen das Gefühl, dass Ihre Anzeige doppelt so groß ist, also muss sie doppelt so mächtig sein ... aber das ist sie nicht. Lassen Sie mich das erklären.

Der Erfolg in diesem Geschäft, sei es im Direktmailing oder in Anzeigen, besteht darin, Ihre Anzeige zu sehen und zu lesen. Eine Doppelseite zieht nicht 100% mehr Leser an ... und kostet dennoch 100% mehr. Mit einer Doppelseite haben Sie Glück, wenn Sie 50% mehr Leser anziehen – aufgrund ihrer zusätzlichen Größe ... aber Sie zahlen trotzdem 100% mehr.

Wenn der Text Ihrer Anzeige auf eine andere Seite übergeht ... platzieren Sie Ihre erste Seite rechts ... dann die zweite Seite auf der Rückseite der ersten Seite. Auf diese Weise können Sie einen potenziellen Leser auf zwei verschiedene Umblätterungen ansprechen ... und wenn ein Leser Ihre Anzeige herausreißen möchte, muss er nur die Seite herausreißen und hat die Vorder- und Rückseite Ihrer Anzeige in einem Ruck! Wenn Sie Ihre zweiseitige Anzeige auf diese Weise gestalten, anstatt als Doppelseite, könnten Sie 200% mehr Bestellungen für 200% mehr Werbekosten erzielen ... damit können Sie leben! MACHEN SIE NIE, NIE, NIE eine Doppelseite. Sie haben bei mir nie funktioniert.

Was eine Zeitschriftenanzeige wirklich ist

Eine Zeitschriftenanzeige ist im Wesentlichen Ihr Verkaufsbrief, der so formatiert ist, dass er wie ein Artikel der Zeitschrift aussieht. Eine Zeitschriftenanzeige soll nicht schick aussehen. Sie sollte überhaupt nicht wie eine "Anzeige" aussehen. Sie möchten sich ein wenig Glaubwürdigkeit von der Publikation "leihen", also lassen Sie Ihre Anzeige das redaktionelle Format der Publikation nachahmen. Und um zu vermeiden, dass die Worte WERBUNG in 20-Punkt-Schrift oben eingefügt werden ... lassen Sie bei der Erstellung der Anzeige die Worte "Advertorial" oder "Spezial-Advertorial" oben oder unten einfügen. Wenn Sie diese Worte im Voraus hinzufügen, muss der Verlag dies nicht tun ... und es auf seine Weise tun ... was natürlich größer sein wird, als es sein müsste.

Die Menschen lesen und vertrauen den Zeitschriften. Sie erhalten automatisch ein wenig Glaubwürdigkeit, nur weil Ihre Anzeige in der Zeitschrift ist ... aber Sie können zusätzliche Glaubwürdigkeit erhalten, indem Sie Ihre Anzeige wie eine Seite der Zeitschrift aussehen lassen.

Es ist erwiesen, dass 500% mehr Menschen Anzeigen im redaktionellen Stil lesen als glänzende, glatte Anzeigen ... und denken Sie daran – dieses Geschäft dreht sich in erster Linie darum, Ihre Botschaft den potenziellen Kunden zu zeigen. Wenn fünfmal mehr Menschen Ihre Anzeige lesen, erhalten Sie wahrscheinlich fünfmal mehr Bestellungen.

Verdichten

Wenn Sie Ihre Anzeige schreiben, könnten Sie auf ein kleines Problem stoßen, bei dem es zu viel Text und nicht genug Platz gibt. Anstatt eine weitere Seite zu kaufen und anstatt möglicherweise starken Verkaufstext zu entfernen, empfehle ich Ihnen, die Textgröße zu verkleinern. Wenn ein Leser interessiert ist, wird er eine 8-Punkt-Schrift lesen, wenn nötig.

Paradoxerweise sieht eine Anzeige, die überfüllt ist, so aus, als hätte sie dem Leser etwas Wichtiges zu sagen.

Kontrollierte Auflage

Früher in diesem Kapitel haben wir über bezahlte Auflage gesprochen. Einige Zeitschriften, insbesondere FACHZEITSCHRIFTEN, haben eine sogenannte KONTROLLIERTE AUFLAGE. Das bedeutet, dass die Leser nicht für ihre Abonnements bezahlt haben, aber alle mussten sich in irgendeiner Weise qualifizieren, um die Zeitschrift zu erhalten. Eine Fachzeitschrift könnte an 100.000 Buchhalter gehen. Um diese Zeitschrift zu erhalten, müssen Sie ein Buchhalter sein. Wenn Sie Buchhalter sind und diese Zeitschrift angefordert haben, erhalten Sie sie kostenlos.

Nun, die Werbetreibenden zahlen ein wenig mehr für diese kontrollierten Auflagenzeitschriften, da der Verlag nichts von ihren Lesern verdient ... ihre einzige Einnahmequelle stammt von den Werbetreibenden – also müssen sie ein wenig mehr verlangen.

Ich habe nie bedeutenden Erfolg gehabt, wenn ich in einer Fachzeitschrift geworben habe. Teilweise, weil ich mich normalerweise nur an den Massenmarkt für Verbraucher halte. Ehrlich gesagt, kann ich Ihnen nicht mehr über kontrollierte Auflagen oder meine Erfolge oder Misserfolge darin sagen, da ich sie nicht viel erforscht habe.

Bleiben Sie bei Schwarz-Weiß

Farbige Anzeigen kosten mehr. Schwarz-Weiß-Anzeigen sind billiger. Die anfängliche Aufgabe Ihrer Anzeige besteht darin, sich von anderen Anzeigen abzuheben. Schwarz-Weiß-Anzeigen fallen auf, erhalten eine bessere Antwort und kosten weniger. Farbe ist gut, wenn der Verlag sie Ihnen kostenlos anbietet ... ansonsten würde ich keinen Cent für eine Farbanzeige zahlen. Wenn Sie Ihre „kostenlose Farbe" verwenden, verwenden Sie sie sparsam. Ernsthaft.

Jeder hat Augen

Eine Sache, die ich an Zeitschriftenwerbung hasse, ist, dass Plagiatoren und andere zwielichtige Gestalten Ihre Anzeige sehen, wenn Sie sie Monat für Monat veröffentlichen. Vertrauen Sie mir, wenn Sie das Glück haben, eine erfolgreiche Anzeige zu haben, werden Sie, sobald Sie sie drei- oder viermal veröffentlicht haben, sehen, wie einige Plagiatoren Ihre Idee kopieren und sie zwischen denselben Seiten der Zeitschrift veröffentlichen. Sie könnten sogar so weit gehen, Ihren Preis, Ihr Angebot oder Ihre Garantie ins Visier zu nehmen und dann den Mut haben, zu prahlen, wie ihre besser sei. Sie stehlen also nicht nur Ihre Idee ... sondern sprechen auch noch schlecht über Sie zur gleichen Zeit. Nun, es gibt zahlreiche Möglichkeiten, mit Plagiatoren umzugehen, die ich später in diesem Buch ausführlicher behandeln werde. Obwohl dies ein Nachteil der Zeitschriftenwerbung ist ... sind Zeitschriftenanzeigen immer noch äußerst mächtig und notwendig, um in diesem Geschäft erfolgreich zu sein.

KAPITEL 6

Erstellen Sie Ihre Swipe-Datei

Jede erfolgreiche Person im Direktmarketinggeschäft besitzt das, was man ein „Swipe File" nennt. Ein Swipe File ist eine Sammlung von Werbeanzeigen und Direktmail-Aufforderungen, die sie schätzen. Selbst wenn sie eine bestimmte Verkaufsaussage nicht besonders mögen, sammeln sie diese, wenn sie diese häufig in Zeitschriften sehen oder per Post erhalten. Denn sie müssen für ihre Eigentümer funktionieren. Wenn diese Anzeigen und Verkaufsbriefe nicht funktionieren würden, würden ihre Eigentümer nicht weiterhin Geld ausgeben, um sie zu schalten oder zu versenden. Etwas, das funktioniert, ist immer wert, gesammelt und analysiert zu werden, um herauszufinden, was es erfolgreich macht.

Wenn Sie ein bestimmtes Produkt verkaufen, ist es unerlässlich, alle Verkaufsaussagen Ihrer Konkurrenten zu sammeln. Versuchen Sie, alle zu bestellen und sehen Sie, welche Upsells sie anbieten ... schauen Sie, welche Backend-Produkte sie haben. Sie werden dieselben Angebote an Ihre Kunden machen.

Während Sie dieses Buch lesen, werden Sie lernen, ein Meister darin zu werden, großartige Werbung zu erkennen. Ich werde Ihnen zeigen, wie Sie andere Marketer mit außergewöhnlichen Fähigkeiten erkennen können. Dieses Geschäft besteht nicht darin, das Rad jedes Mal neu zu erfinden.

Nehmen wir zum Beispiel eine Firma, die eine Hautcreme verkauft und in ihren Anzeigen eine kostenlose 14-Tage-Probe anbietet. Alles, was sie verlangen, ist eine nominale Versand- und Bearbeitungsgebühr, die mit einer Kreditkarte bezahlt werden muss.

Auf den ersten Blick könnten Sie denken, dass sie wirklich nur eine kostenlose Probe ihres Produkts verschenken. Aber wenn Sie tatsächlich anrufen und ihre Probe bestellen, haben sie ein Skript, das der Operator Ihnen vorlesen wird. Es wird ungefähr so lauten:

"Ihre kostenlose 14-Tage-Probe von (Produktname) wird heute versandt. Sobald Sie sie erhalten haben, verwenden Sie sie wie angegeben. Wenn Sie nicht absolut begeistert sind von dem, was (Produktname) für das Aussehen Ihrer Falten und feinen Linien tut, rufen Sie uns einfach innerhalb von 14 Tagen an und teilen Sie es uns mit. Aber wenn Sie begeistert sind – und 10 Jahre jünger mit unserem Produkt aussehen, tun Sie nichts und ein neuer 30-Tage-Vorrat wird Ihnen automatisch jeden Monat zugesandt und Ihnen werden nur 29,95 $ plus 4,95 $ Versand und

Bearbeitung für jede monatliche Rate berechnet. Sie können jederzeit kündigen. Nochmals vielen Dank, dass Sie (Produktname) ausprobiert haben. Sie sollten Ihre kostenlose Probentube von (Produktname) innerhalb der nächsten 10 Tage erhalten. Nochmals vielen Dank für Ihren Anruf!"

Wenn Sie nicht auf die Anzeige Ihres Konkurrenten geantwortet hätten, hätten Sie niemals den „Methode hinter dem Wahnsinn" herausgefunden. Eine Anzeige, die eine Probe verschenkt, wird fast immer mehr Bestellungen generieren als der Versuch, das Produkt direkt von der Seite zu verkaufen. Sie müssen ein Auge darauf haben, was andere in Ihrem verwandten Bereich tun.

Große Copywriter erkennen eine großartige Kopie. Sie müssen einfach sammeln. Ein Swipe File ist auch großartig, wenn Sie nach neuen Ideen suchen oder nach großartigen Formulierungen, die Sie in Ihren eigenen Verkaufsbriefen oder Anzeigen verwenden können.

Ein Swipe File ist ein unverzichtbares Werkzeug für jeden im Direktmarketinggeschäft. Es ermöglicht Ihnen, erfolgreiche Strategien und Taktiken zu erkennen und anzuwenden, die bereits in der Praxis getestet wurden. Durch das Sammeln und Analysieren von Werbung und Direktmail-Kampagnen können Sie wertvolle Einblicke gewinnen und Ihre eigenen Marketingbemühungen optimieren.

KAPITEL 7

Das back end

Der wahre große Gewinn im Direktmarketinggeschäft kommt aus den sogenannten Back-End-Verkäufen. Das bedeutet, dass die größten Profite nicht beim ersten Verkauf gemacht werden, sondern bei den wiederholten Verkäufen an bestehende Kunden. Hier sind einige wichtige Punkte, die Sie beachten sollten:

Sie müssen Ihre Kunden nicht in „Clubs" einbinden, um Back-End-Verkäufe zu tätigen. Sie können zwei, drei oder sogar fünf oder mehr Back-End-Produkte haben, die Sie Ihren Kunden wiederholt anbieten. Diese Produkte können telefonisch, per Post oder in der Versandverpackung des ursprünglichen Produkts angeboten werden. Der Schlüssel ist, Ihren Kunden regelmäßig neue Angebote zu machen, bis die Gewinne zurückgehen.

Ihre Kunden werden es nicht leid, viele Werbungen von Ihnen zu erhalten. Denken Sie daran, dass sie Ihr erstes Produkt wollten, warum sollten sie also nicht auch an weiteren Produkten interessiert sein, die ihr ursprüngliches Kauferlebnis verbessern oder bereichern könnten?

1995 habe ich mein erstes Direktmarketing-Buch verkauft und etwa 20.000 Exemplare selbst durch

Zeitschriftenanzeigen und Verkaufsbriefe verkauft. Während die Verkäufe gut waren, machte ich kaum Gewinn. Erst durch ein starkes Back-End machte der anfängliche Werbeaufwand Sinn.

Eine Woche nach dem Kauf erhielt der Kunde einen Verkaufsbrief mit einem verwandten Produkt für 200 Dollar. Ungefähr 5% der Kunden kauften das Produkt, was mir 10 Dollar pro Back-End-Brief einbrachte. Drei Wochen später erhielten die Kunden ein weiteres Angebot, diesmal ein anderes Produkt für 200 Dollar. Wieder kauften 5% der Kunden, was mir weitere 10 Dollar pro Brief einbrachte.

Im Laufe der Zeit stieg der Wert jedes Kunden von den ursprünglichen 20 Dollar auf 60 Dollar oder mehr durch fortlaufende Back-End-Angebote. Der Schlüssel war, die Kunden regelmäßig mit neuen und wertvollen Angeboten zu versorgen.

Der Hauptgrund, warum Menschen nicht bei Ihnen kaufen, ist, dass sie Ihren Werbebotschaften und Verkaufsbriefen nicht trauen. Wenn Sie ihnen jedoch das erste Produkt verkauft haben und sie damit zufrieden sind, werden sie zehnmal leichter erneut bei Ihnen kaufen, da sie Ihnen nun vertrauen.

Wenn Sie hochwertige Produkte verkaufen und Ihre Kunden damit zufrieden sind, werden sie eher bereit sein, weitere Produkte von Ihnen zu kaufen. Ein Versandclub, bei dem Kunden regelmäßig neue Produkte erhalten, kann besonders profitabel sein, wenn das Produkt konsumierbar ist und regelmäßig nachgekauft werden muss.

Diese Technik, auch bekannt als "Endorsed Mailing",

ist besonders mächtig. Wenn Sie einen Freund oder Geschäftspartner haben, der eine große Leserschaft hat, können Sie deren Glaubwürdigkeit nutzen, um Ihr Produkt zu bewerben. Indem der Freund das Produkt seinen Lesern empfiehlt, können Sie die Verkaufsrate erheblich steigern.

Wenn mein Freund eine Newsletter mit tausenden Abonnenten hat und meinen Verkaufsbrief als seine eigene Empfehlung an seine Liste schickt, könnte ich anstatt der üblichen 2-4% Rücklaufquote eine Rücklaufquote von bis zu 10% erzielen. Selbst wenn wir die Gewinne teilen, würde ich immer noch mehr verdienen als bei einer alleinigen Promotion.

Back-End-Produkte sollten immer teurer sein als das ursprüngliche Produkt, es sei denn, es handelt sich um dasselbe Produkt, das wiederholt verkauft wird (wie bei einer Flasche Pillen). Das Ziel ist es, so viele Kunden wie möglich mit den niedrigsten Werbekosten zu gewinnen und dann immer wieder zu verkaufen:

1. dasselbe Produkt,
2. fortschrittlichere Versionen desselben Produkts,
3. verwandte Produkte,
4. Produkte anderer Anbieter.

Der einzige schlechte Back-End-Verkauf ist der, der nicht mehr Einnahmen generiert, als es gekostet hat, die Verkaufsbriefe zu versenden. Indem Sie diese Strategien befolgen, können Sie den Wert Ihrer Kunden maximieren und Ihre Gewinne im

Direktmarketinggeschäft erheblich steigern.

KAPITEL 8
Der Selbstversand

Der automatische Versand ist wahrscheinlich die mächtigste Technik im Direktmarketing, die ich in meinen zehn Jahren in diesem Bereich entdeckt habe. Diese Technik hat ein Unternehmen, das 2,4 Millionen Dollar pro Monat Umsatz machte, in eines verwandelt, das 7,2 Millionen Dollar einnahm, ohne einen einzigen Dollar mehr in Werbung zu investieren.

Nur bestimmte Produkttypen eignen sich für ein automatisches Versandabkommen, aber wenn Ihr Produkt dazu gehört, wäre es töricht, es nicht sofort zu implementieren.

Rückkäufe sind großartig, wie wir in einem vorherigen Kapitel besprochen haben. Ihre Kunden werden mit einer Rate von etwa 5% bis 25% wieder bei Ihnen kaufen, abhängig vom Produkt und ihrem Zufriedenheitsniveau. Aber der automatische Versand stellt sicher, dass jeder Kunde erneut bestellt, es sei denn, er ruft an und sagt, dass er es nicht möchte.

Mit dem automatischen Versand werden 90% Ihrer Kunden innerhalb von 30 Tagen nachbestellen. Die anderen 10% werden entweder Ihre Zufriedenheitsgarantie in Anspruch nehmen oder einfach anrufen, um zu sagen, dass sie keine weitere Lieferung wünschen. Aber diese 90%, die eine zweite, dritte, vierte usw. Lieferung erhalten, werden Sie sehr schnell bereichern.

Wenn ich eine automatische Versandpromotion durchführe, präsentiere ich sie gerne so, als ob der Kunde einem „Club" beitreten würde, der ihn von den „normalen" Kunden unterscheidet. Ein Clubmitglied hat Anspruch auf einen niedrigeren Preis, den ein gewöhnlicher Kunde nicht erhalten kann. Es ist auch klug zu betonen, dass sie nicht jeden Monat das Telefon abheben und bestellen müssen. Wenn Sie es so darstellen, dass alle Vorteile beim Kunden liegen, werden sie tatsächlich wollen, dass Sie sie jeden Monat belasten.

Aus Kundensicht qualifizieren sie sich für einen niedrigeren Preis und können sich darauf verlassen, dass das Produkt automatisch in ihrem Briefkasten ankommt – auch wenn sie zu beschäftigt sind, um anzurufen, wenn sie kein Produkt mehr haben. Aber der wahre Vorteil liegt bei Ihnen, dem Vermarkter. Jeder Werbedollar bringt Ihnen 6 Dollar Umsatz, wo er Ihnen ohne den automatischen Versandclub nur 2 Dollar bringen würde.

Es gibt einige Nachteile, aber diese können durch die richtige Formulierung Ihrer Anzeigen und Verkaufsbriefe vermieden werden. Wenn Sie es nicht richtig formulieren, wissen die Kunden nicht, warum sie jeden Monat mehr Produkte erhalten, und werden die Abbuchung bei ihren Kreditkartenunternehmen anfechten.

Hier ist der genaue Absatz, den Sie in Ihrer Werbung verwenden können:

"Wenn Sie einer der ersten 200 Besteller sind, erhalten Sie die KOSTENLOSE MITGLIEDSCHAFT in unserem Forever Trim Club, bei dem Sie Anspruch auf einen Rabatt von 20 Dollar auf alle zukünftigen Flaschen (Produktname) haben. Und damit Sie keinen Tag ohne (Produktname) in Ihrem System zur Fettverbrennung verbringen, erhalten Sie automatisch alle 30 Tage eine frische Flasche und Ihre Kreditkarte wird zum Club-Mitgliederpreis von 39,95 Dollar plus 6,95 Dollar Versand und Bearbeitung belastet – nicht der Preis von 59,95 Dollar, den Nichtmitglieder zahlen müssen. Es gibt keine Mindestmenge an Flaschen, die gekauft werden müssen, und Sie können jederzeit kündigen. Die Telefonnummer lautet 1-800-123-4567, und Sie können 24 Stunden am Tag, 7 Tage die Woche anrufen."

Dieser Absatz vermittelt dem Kunden fast den Eindruck, dass seine Fortschritte behindert werden, wenn er das Produkt nicht jeden Tag in seinem System hat. Es impliziert eine Art Angst, dass sie, wenn sie das Produkt nicht haben, das verlieren, was sie gewonnen haben. Sie möchten Ihnen die Logistik der Lieferung anvertrauen, um sicherzustellen, dass sie immer genug Produkt zur Verfügung haben, um ihre aktuellen Ergebnisse zu erhalten und weiter zu verbessern.

Einige Kunden haben sich darüber beschwert, dass ihre Kreditkarte automatisch belastet wurde. Für diejenigen, die das taten, bot ich ein spezielles Paket mit 4 Produkten an, die sie zu einem günstigen Preis kauften. Die meisten, die keinen automatischen Versand wollten, nahmen das 4er-Paket an, sodass ich zumindest mehr als die 60 Dollar für eine einzelne Flasche verdiente.

Es ist lustig, aber wir verkauften an 40.000 neue Leute pro Monat. Die anfängliche Flasche wurde für 60 Dollar verkauft. Aber vielleicht nur 5% der Kunden beendeten den Anruf mit einem Verkauf von nur 60 Dollar.

Was ich am automatischen Versandclub mochte, war, dass ich nicht jeden Monat von Null anfangen musste. Ich verkaufte 160.000 Flaschen Pillen pro Monat. Da meine Kunden im Durchschnitt 4 Monate im Club blieben, hatte ich 40.000 Leute, die ihre Lieferungen jeden Monat kündigten. Um bei 160.000 zu bleiben, musste ich nicht 160.000 neue Verkäufe erzielen, sondern nur die 40.000, die ich verloren hatte, um die gleiche Größe beizubehalten.

Rückgaberecht

Auch wenn wir das Rückgaberecht noch nicht besprochen haben, empfehle ich Ihnen Folgendes: Wenn Sie ein Produkt alle 30 Tage versenden, sollte Ihre Garantie 30 Tage betragen. Auf diese Weise haben Sie keinen Kunden, der gleichzeitig zwei Gutschriften anfordert – eine für die erste Lieferung und eine für die zweite. Versuchen Sie, die Garantiedauer auf die Länge der zweiten Lieferung zu beschränken.

Indem Sie diese Strategien anwenden, können Sie den Wert Ihrer Kunden maximieren und Ihre Gewinne im Direktmarketinggeschäft erheblich steigern.

KAPITEL 9

Lebenslanger Kundenwert (Lifetime Customer Value)

Als Direktmarketer ist es entscheidend, den Lebenszeitwert deiner Kunden (LCV) zu kennen. Nur so kannst du bestimmen, wie viel du für die Gewinnung eines neuen Kunden ausgeben kannst. Der LCV gibt dir eine klare Vorstellung davon, wie viel Umsatz ein Kunde im Laufe seiner Beziehung zu deinem Unternehmen generieren wird. Du kannst den LCV nicht einfach schätzen; er muss berechnet werden, indem du die Einkäufe deiner Kunden über mehrere Monate oder sogar ein Jahr verfolgst. Diese Zahl ist wichtig, um zu verstehen, wie viel du in Werbung investieren kannst, um neue Kunden zu gewinnen.

Nehmen wir an, dein LCV beträgt 180 Dollar. Das bedeutet, du kannst bis zu 180 Dollar ausgeben, um einen neuen Kunden zu gewinnen, ohne dabei Geld zu verlieren. Hier ist ein praktisches Beispiel: Wenn du 1,2 Millionen Dollar in Werbung investierst und dadurch 40.000 neue Kunden pro Monat gewinnst, beträgt dein durchschnittlicher

Kundenakquisitionskosten (CAC) 30 Dollar. Du weißt, dass jeder Kunde in den nächsten 4-5 Monaten durchschnittlich 180 Dollar ausgeben wird.

Gehe zu einem Panel von Kunden zurück, die seit etwa sechs Monaten keine Einkäufe mehr getätigt haben. Berechne, wie viel diese Kunden insgesamt ausgegeben haben, und teile diese Summe durch die Anzahl der Kunden, um den durchschnittlichen LCV zu ermitteln. Verfolge genau, wie viel du für die Werbung ausgibst und wie viele Kunden du dadurch gewinnst. Vergleiche diese Kosten mit deinem LCV, um festzustellen, ob deine Werbemaßnahmen effizient sind. Wenn die Werbeantworten sinken, kannst du die Werbung weiterhin betreiben, solange die Kosten für die Gewinnung eines neuen Kunden unter deinem LCV bleiben.

Angenommen, du gibst 45 Dollar aus, um einen neuen Kunden zu gewinnen, und dein LCV beträgt 180 Dollar. Das bedeutet, du erzielst einen CTO (Contribution to Overhead) von 135 Dollar pro Kunde. Große Unternehmen wie HBO können Tausende von Dollar ausgeben, um einen neuen Abonnenten zu gewinnen, da sie wissen, dass sie dieses Geld über die monatlichen Abonnementgebühren im Laufe der Jahre zurückverdienen werden. Solche Unternehmen können es sich leisten, längere Zeiträume zu warten, um ihre Akquisitionskosten zurückzugewinnen.

Als kleineres Unternehmen solltest du jedoch nicht länger als etwa drei Monate warten, um deine Werbekosten zurückzuerhalten. Nur finanziell starke Unternehmen können sich längere

Rückgewinnungszeiträume leisten. Diese Technik garantiert, dass 90% deiner Kunden automatisch eine zweite, dritte und vierte Lieferung erhalten, es sei denn, sie rufen an und kündigen. Verkaufe deinen Kunden regelmäßig zusätzliche Produkte, um ihren Gesamtwert zu steigern. Diese Produkte sollten teurer sein als der ursprüngliche Kauf.

Sende einen Verkaufsbrief mit einem Produktangebot für 200 Dollar. In der dritten Woche sende einen weiteren Brief mit einem anderen 200-Dollar-Produkt. In den folgenden Wochen sende weitere Angebote mit verschiedenen Produkten, einschließlich eines teureren Produkts (z. B. 1000 Dollar). Durch diese Strategie kann der Wert jedes Kunden von 20 Dollar auf 60 Dollar oder mehr steigen.

Der LCV ist eine entscheidende Kennzahl im Direktmarketing, die es dir ermöglicht, deine Werbeausgaben effizient zu planen und deine Kundenbeziehungen zu maximieren. Durch die Implementierung von Strategien wie dem automatischen Versand und regelmäßigen Back-End-Verkäufen kannst du den LCV deiner Kunden erheblich steigern und somit langfristige Gewinne sichern.

KAPITEL 10

Der zweistufige

Das 2-Step-Verfahren ist ein Ansatz, um gezielt Kunden für deine Produkte zu finden. Es eignet sich besonders in folgenden Situationen:

1. Wenn du dir keine großen Anzeigen in Zeitschriften leisten kannst.

2. Wenn du viel Platz für deinen Verkaufstext benötigst, was auf vielen Seiten einer Zeitschrift zu teuer wäre.

3. Wenn du unter dem Radar der Konkurrenz und anderer bleiben möchtest.

4. Wenn es keine ausreichend gezielte Mailingliste oder Zeitschrift für dein Produkt gibt.

5. Wenn dein Produkt sehr teuer ist, normalerweise über 400 Dollar, und es schwierig wäre, es in einem einzigen Schritt zu verkaufen.

6. Wenn du gerade erst anfängst und den Erfolg so einfach wie möglich gestalten möchtest.

Ein 2-Step ist eine Anzeige, die du in einer Zeitschrift platzierst oder ein TV- oder Radiospot, der potenziellen Kunden eine Lösung für ein Bedürfnis in Form eines kostenlosen Berichts, Videos, Kassetten, DVDs usw. bietet, die sie anfordern können, indem sie eine Nachricht auf einem 800er-Nummer-Anrufbeantworter hinterlassen. Dies kann auch ein TV- oder Radiospot oder eine gedruckte Anzeige sein, die die Leute auf eine Website für weitere Informationen verweist.

Angenommen, du verkaufst ein Produkt, das erklärt, wie man Immobilien bei Steuerverkäufen des Staates kauft. Während du sicherlich ganzseitige Anzeigen für einen solchen Kurs in fast jeder Männerzeitschrift platzieren könntest und ihn an viele Mailinglisten von Geschäftsgelegenheitssuchenden senden könntest, nehmen wir an, du möchtest das 2-Step-Verfahren anwenden.

Du platzierst eine kleine Anzeige in einer Zeitschrift, normalerweise eine Seite 1/12, 1/16, 1/4 oder eine 1/3-Seiten-Anzeige. Die Überschrift wird versuchen, jeden anzusprechen, der Geld verdienen möchte. Die Überschrift könnte etwa so lauten: "Kostenloser Bericht enthüllt, wie ich dieses 60.000-Dollar-Haus für nur 345,28 Dollar schuldenfrei gekauft habe!" Unter der Überschrift könntest du ein Foto des Hauses und einen Absatz haben, der den Leser neugierig macht. Du wirst nicht verraten, wie oder wo du in der Lage warst, das Haus so günstig zu kaufen. Nachdem du den Leser neugierig gemacht hast, schreibst du etwas wie: "Um Ihren kostenlosen Bericht anzufordern, rufen Sie einfach diese aufgezeichnete Nachricht an und sagen Sie uns, wohin wir ihn senden sollen. Sie können 24 Stunden am Tag, 7 Tage die Woche anrufen. Es besteht keine

Verpflichtung."

Jeder mag kostenlose Dinge, und da sie keinen aufdringlichen Verkäufer am Telefon haben werden, wirst du Tausende von Anfragen für diesen kostenlosen Bericht erhalten, der im Wesentlichen... DEIN VERKAUFSBRIEF ist! Natürlich wird der Bericht nicht nur aus einem Verkaufsgespräch bestehen, sondern auch einige Informationen über das Verfahren der Steuerverkäufe enthalten. Der Hauptpunkt des Berichts wird jedoch sein: Hier ist diese großartige Gelegenheit, von der Sie möglicherweise nichts wissen, hier ist der Beweis, dass sie wirklich existiert, ich bin ein Experte und die beste Person, um es Ihnen beizubringen, also hier ist, wie ich Ihnen helfen kann, viel Geld zu verdienen.

Dieser Verkaufsbrief/kostenlose Bericht kann ein größeres Format haben, da er nicht an die Massen gesendet wird. Die Personen, die auf deine Anzeige geantwortet haben, qualifizieren sich selbst als Hauptinteressenten.

Das 2-Step-Verfahren funktioniert am besten in Printmedien, TV und Radio

Wenn du ein 2-Step-Verfahren durchführst, verwende diese Technik nicht im Direktmailing. Gehe nicht auf die Suche nach Interessenten in Mailinglisten. Es ist besser, in einem großen Teich zu fischen, wie einer Zeitschrift oder einer Zeitung mit großer Auflage, im Fernsehen, im Radio usw.

Wahrscheinlich fängst du gerade erst in diesem Geschäft an, daher würde ich dir empfehlen, dich an Zeitungs- oder Zeitschriftenanzeigen zu halten. Der ganze Zweck des 2-Step-Verfahrens besteht darin, eine große Gruppe von Menschen anzusprechen und effizient die Interessenten herauszufischen.

Verwende nur eine telefonische Antwortmöglichkeit

Ich würde deine Interessenten nicht einen Coupon ausfüllen oder eine Website besuchen lassen, in Kombination mit einem Anruf. Tests haben gezeigt, dass du bis zu 300% mehr Leute dazu bringen kannst, deinen kostenlosen Bericht oder dein kostenloses Informationskit anzufordern, wenn du nur die telefonische Option anbietest. Und wenn du dies tust, stelle sicher, dass du die Worte "KOSTENLOSE AUFGEZEICHNETE NACHRICHT" verwendest. Interessenten wollen in diesem Moment nicht von einem Verkäufer gestört werden. Betone, dass sie mit niemandem sprechen müssen, sonst schadest du deiner Antwortquote.

Verkaufe nichts für weniger als 60 Dollar

Verschwende keine Zeit mit dem 2-Step-Verfahren, wenn dein Produkt weniger als 60 Dollar kostet. Denk daran, wir arbeiten alle mit einer mathematischen Skala. Wenn dein Verkaufspreis nicht hoch genug ist, wirst du nicht in der Lage sein, die Kosten für die Durchführung der 2-Step-Anzeige und das Versenden aller Verkaufsbriefe zu decken. Die meisten 2-Step-Produkte kosten etwa 300 Dollar. Aber lass dich nicht davon abhalten, wenn du ein 60-Dollar-Produkt hast.

Hier ein Beispiel für ein 60-Dollar-2-Step-Angebot. Ich blätterte neulich durch eine Männerzeitschrift und sah eine Anzeige, die eine kostenlose "Leitfaden zu Sex-Pillen" anbot, die alle besten pflanzlichen Viagra-ähnlichen Pillen auf dem Markt auflistete. Das Produkt, das sie verschenkten, sagte nichts darüber aus, dass diese Firma tatsächlich eine ihrer eigenen Pillen verkaufte. Sie sagten nur, dass sie einen kostenlosen Leitfaden veröffentlichten, um dir zu helfen, das beste Produkt auszuwählen, da sie alle getestet hatten.

Ich rief die aufgezeichnete Nachricht an und hinterließ meinen Namen und meine Adresse mit einem falschen zweiten Namen, damit ich alles verfolgen kann, was ich in Zukunft von dieser Firma erhalte, da ich sicher bin, dass sie mich mit Post überfluten werden. Einige Tage später kam der Leitfaden an. Er enthielt ein Dutzend Produkte, und natürlich hatte das Produkt Nummer 1 in ihrem Leitfaden auch eine eigene Anzeige in ihrem Umschlag. Offensichtlich produzierte diese Firma ein Ergänzungsmittel, erfand dann diesen Leitfaden, der im Wesentlichen geschrieben wurde, um ihre 60-Dollar-Flasche Pillen zu verkaufen, und überzeugte dich, das Produkt zu kaufen, das auf Platz 1 rangierte, ohne irgendwo zu sagen, dass es von ihnen produziert wurde. Aber jeder erfahrene Direktmarketer würde es wissen.

Das ist eine gute Idee... nicht die ethischste, aber gut. Ich bin sicher, dass es für einige Produkte funktioniert. Der Schlüssel zum Erfolg liegt darin, genug Leads zu bekommen, um die Werbekosten zu rechtfertigen.

Sie müssen genügend Leads gewinnen

Die größte Herausforderung bei 2-Step-Anzeigen ist, dass du genug Leads bekommen musst, um die Werbekosten zu rechtfertigen. Angenommen, du platzierst eine Anzeige für 1000 Dollar: Je mehr Interessenten du dazu bringst, die kostenlosen Informationen anzufordern, desto niedriger sind die Kosten pro Lead. Das Geheimnis besteht darin, genug Leads zu bekommen, um die Kosten pro Lead zu senken. Du darfst in deiner Anzeige nicht zu vage sein, da du sonst schlecht qualifizierte Leads anziehst, und du darfst die Behauptungen nicht übertreiben, sonst wirst du zu viel Unzufriedenheit haben.

Mathematik

Rechnen wir das einmal durch: Ein Typ hat eine Halbseitenanzeige geschaltet, die wahrscheinlich 10.000 Dollar gekostet hat. Diese Halbseitenanzeige erhielt 5000 Antworten, also hat er 2 Dollar pro Lead bezahlt. Dann verschickte er einen Verkaufsbrief/kostenlosen Bericht, der 1 Dollar kostete, um ihn zu drucken und zu versenden. Jetzt hat er 3 Dollar in jeden Interessenten investiert. Er hat 15.000 Dollar in die Anzeige und die Verkaufsbriefe/kostenlosen Berichte investiert.

Sein Produkt verkauft sich für 500 Dollar, und er behält alle 500 Dollar, da es ein Informationsprodukt ist. Er muss Produkte im Wert von 15.000 Dollar verkaufen, um kostendeckend zu arbeiten. Von den 5000 interessierten Interessenten müssen nur 30 Leute kaufen, um die gesamten Kosten zu decken. Das gefällt mir. Angenommen, er überzeugt 250 Personen zum Kauf, das sind 5%. Dann erwartet er Einnahmen von 125.000 Dollar, was das 8,3-fache seiner Anfangsinvestition von 15.000 Dollar ist. Selbst wenn er nur 90 von 5000 Personen überzeugen würde, hätte er immer noch seine Einnahmen verdreifacht und 45.000 Dollar eingenommen.

Dann kann er versuchen, diese Anzeige in zahlreichen anderen Zeitschriften zu schalten, solange er ähnliche Preise für die Interessentenbindung erzielt. Diese Anzeigen können jeden Monat geschaltet werden, und mit solchen Zahlen wird er sehr schnell reich.

Was ist deine Hauptaufgabe, um ein solches Angebot zu replizieren? Du musst Interessenten im Durchschnitt für 2 Dollar anziehen und 5% von ihnen für 500 Dollar verkaufen. Das Verkaufen an 5% ist nicht das größte Problem, aber die schwierigste Aufgabe ist es, 5000 Menschen dazu zu bringen, die kostenlosen Informationen anzufordern und 5000 Dollar für die Anzeige zu bezahlen.

Zerstören Sie Ihre Konkurrenten mit einem zweistufigen Ansatz

Mein Freund Gary Halbert sagt, dass wenn du eine ganzseitige Anzeige in einer Zeitschrift schaltest und 1000 Bestellungen erhältst, dieselbe ganzseitige Anzeige, die einen kostenlosen Bericht oder Leitfaden für die Art von Produkt anbietet, das du anbietest, 10.000 Anfragen für die kostenlosen Informationen bringen wird. Das klingt realistisch. Er sagt weiter, dass von diesen 10.000 Anfragen 30% von dir kaufen werden, was bedeutet, dass du letztendlich 300% mehr Bestellungen erhalten wirst, als wenn du einfach die ganzseitige Anzeige geschaltet und direkt verkauft hättest.

Dieser Ansatz ist besonders gut, wenn viele andere Anbieter dasselbe Produkt in einer Zeitschrift verkaufen. Nehmen wir an, es wäre eine Abnehmpille. Anstatt einfach nur eine weitere Anzeige für eine weitere Abnehmpille zu schalten, könntest du einen kostenlosen Leitfaden zu Abnehmpillen anbieten. Die Leute würden deine Nummer anrufen und ihren Namen und ihre Adresse auf dem Anrufbeantworter hinterlassen. Dann würdest du ihnen deinen Verkaufsbrief/kostenlosen Leitfaden zusenden und den Kunden verkaufen, und deine Konkurrenten würden nichts davon wissen.

KAPITEL 11

Ein unwiderstehliches Angebot

Bevor wir überhaupt in Betracht ziehen, ein Wort des Werbetextes zu schreiben, müssen wir zunächst entscheiden, welches das beste Angebot ist, das wir bewerben möchten. Ein Angebot ist das Geschäft, das du deinen potenziellen Kunden vorschlagen wirst, um sie dazu zu bringen, sich von ihrem hart verdienten Geld zu trennen. Je besser das Angebot, desto verlockender wird dein Verkaufsgespräch sein.

Dein Angebot muss auch einfach und leicht verständlich sein. Wenn dein potenzieller Kunde nicht versteht, was du ihm anbieten möchtest, hast du ihn für immer verloren. Hier sind einige Beispiele für Angebote, die ich in der Vergangenheit mit großem Erfolg genutzt habe.

Gratisgeschenk beim Kauf

Dies ist das Offensichtlichste. Biete deinem Kunden ein Geschenk oder einen kostenlosen Bonus an, wenn er kauft. Informationsprodukte eignen sich hervorragend als Bonus. Sie kosten fast nichts in der

Produktion und können einen wahrgenommenen Wert von 30 Dollar bis zu 200 Dollar oder mehr haben. Meistens kannst du den kostenlosen Bonus in die Versand- und Bearbeitungsgebühr einrechnen, die du für dein Produkt berechnest. Ich habe in letzter Zeit viele Werbungen gesehen, bei denen der Händler ein Messerset oder Ähnliches verkauft und dein Bestellvolumen kostenlos verdoppelt. Du musst nur die Versandkosten für das zweite Messerset bezahlen. Was für ein Geschäft! Aber in Wirklichkeit sind die Versandkosten, die du für das zweite Messerset bezahlst, nichts anderes als die Kosten für die Herstellung/den Kauf der Messer plus die Versandkosten zu dir. Fühle dich frei, einen Bonus zu verschenken und den Kunden zu bitten, eine Versand- und Bearbeitungsgebühr zu zahlen. Du kannst ein kostenloses Geschenk anbieten, das der Kunde auch nach Erhalt der Erstbestellung anfordern muss. Zum Beispiel, wenn du ein Autopolitur-Kit kaufst, werden einige Unternehmen einen Gutschein beilegen, den der Kunde einsenden muss, um den kostenlosen Reifenpolitur zu erhalten. Nicht jeder wird die kostenlose Flasche anfordern, aber du kannst sie trotzdem allen anbieten.

30-tägige Testversion zu Hause für 9,95 $

So funktioniert es: Nehmen wir als hervorragendes Beispiel den Carlton Sheets Immobilienkurs, den wir alle seit über 10 Jahren im Fernsehen sehen. Heute verkaufen sie den Kurs nicht mehr wie ursprünglich, sondern bieten eine 30-tägige Heimprobe für 9,95$ plus Versand- und Bearbeitungsgebühr an. In der Werbung wird nichts über den tatsächlichen Preis des Produkts gesagt. Damit dies funktioniert, musst du Bestellungen nur mit Kreditkarten annehmen. Ein Kunde ruft an und bestellt die Probe. Er bezahlt die Probegebühr von 9,95$ und die Versand- und Bearbeitungsgebühr. Carlton bietet ein Upgrade für einen schnellen Versand an, auf dem er natürlich einen Gewinn erzielt.

Erst nachdem sie deine Kreditkartennummer erhalten haben, nachdem sie deine Lieferadresse haben und kurz bevor du "Auf Wiedersehen" sagst, folgt ein Skript, das in etwa so lautet: "OK, für die 30-tägige Heimprobe wird deine Kreditkarte mit nur 9,95$ plus $x für Versand und Bearbeitung belastet. Teste den Kurs 30 Tage lang und wenn er nicht alles ist, was du dir erhofft hast, sende ihn innerhalb des Testzeitraums zurück und du musst nichts weiter bezahlen. Andernfalls, wenn du dich entscheidest, den Kurs zu behalten und mit Immobilien Geld zu verdienen, wird deine Kreditkarte in vier einfachen monatlichen Raten zu je 59,95$ belastet. Dein Versand erfolgt heute und du wirst ihn in etwa 10 Tagen erhalten. Danke für deinen Anruf!"

Es wird zehnmal einfacher sein, einen Kunden für eine 30-tägige Probe für weniger als zehn Dollar zu gewinnen. Diese Gebühr kann erstattbar oder nicht erstattbar sein, das liegt an dir. Du kannst auch die Versand- und Bearbeitungsgebühr für deine Kunden übernehmen oder auch nicht. In jedem Fall wirst du fünfmal mehr Menschen dazu bringen, die Probe zu bestellen, und selbst wenn 50% der Leute die

Lieferung zurücksenden, verkaufst du immer noch 2,5-mal mehr Produkte, als du direkt aus der Anzeige oder Werbung verkauft hättest. Ich bezweifle ernsthaft, dass 50% den Kurs zurücksenden werden, vielleicht bekommst du 20%, die ihn zurücksenden, aber selbst wenn es 20% sind, wen interessiert es? Die Gebühr von 9,95$ ist nicht erstattbar, ebenso wie die Versandkosten. Du hast nichts verloren. Verkaufe den Kurs an jemand anderen.

Es gibt einen Fitness-Guru, der ein Trainingsgerät für eine 30-tägige Heimprobe für 14,95$ und 34,95$ Versand- und Bearbeitungsgebühr bewirbt, aber sie übernehmen die Versandkosten. Also, für nur 14,95$ kannst du dieses Trainingsgerät einen ganzen Monat lang ausprobieren. Glaubst du wirklich, dass die Leute das Gerät abbauen und wieder in die große Kiste packen werden, um es für 30-50$ UPS-Kosten an den Händler zurückzusenden? Nicht viele werden das tun. Dieser Händler wird mehr Verkäufe von skeptischen Menschen erzielen, die erst nach der Probe erkennen, dass er ein gutes Produkt verkauft hat, also ist es ein Gewinn für beide. Und der Händler wird auch von den faulen Leuten profitieren, die das Produkt zurücksenden könnten, aber zu faul sind, es zurückzusenden, also werden ihre Kreditkarten mit fünf Raten zu je 60$ belastet.

Wir werden Ihren Scheck 30 Tage lang nicht einlösen!

Hier ist ein großartiges Beispiel für Risikoumkehr. Biete deinen Kunden an, dass du ihre Schecks oder

Kreditkarten nicht für 30 oder 60 Tage einlöst. Du musst stark sein, um das zu tun. Du wirst einen Monat oder länger kein Geld erhalten, wenn du diesen Weg gehst. Schlimmer noch, du musst ein Produkt haben, das fast nichts in der Herstellung kostet. Es wird gesagt, dass diese Technik die Attraktivität einer Anzeige oder eines Verkaufsbriefs um 300% erhöht. Es könnte sich lohnen, einen Test durchzuführen.

Bieten Sie Ratenzahlungen an

Wie das Probeangebot sollte dieses Angebot nur für Kunden mit Kreditkarte verwendet werden. Wenn du einen hochpreisigen Artikel verkaufst, kann es sinnvoll sein, deinem Kunden einen Ratenplan anzubieten. Du siehst es heutzutage überall im Fernsehen... "NUR 5 ZAHLUNGEN VON JE 19,95$!"

Die Aufteilung des Preises ist eine todsichere Methode, um mehr Verkäufe zu erzielen. Wie viele Häuser würden verkauft werden, wenn es keine Hypothek gäbe? Nicht viele, richtig? Dasselbe gilt für Neuwagen. Ohne Finanzierung hätte ein Autohaus Schwierigkeiten, ein High-End-Auto zu verkaufen. Hier ist es dasselbe. Wenn du einen Artikel für 180 Dollar verkaufst, kannst du vielleicht drei einfache Zahlungen von 59,95 Dollar anbieten, und noch besser, du kannst ein Kombi-Angebot machen... 9,95 Dollar für eine 30-tägige Heimprobe plus Versand und dann drei Zahlungen von 59,95 Dollar anstelle eines gesamten 180-Dollar-Betrags beim Probeangebot.

Cash On Delivery (COD)

Wird heutzutage nicht viel genutzt. Ich habe es nie benutzt. Es gibt wirklich keinen Grund, es zu verwenden. Es gibt eine zusätzliche Gebühr. Viele Leute lehnen die Lieferung ab und du verlierst die Versandkosten und die ganze verlorene Zeit. Aber wenn du es tun möchtest, stelle sicher, dass du deinem Kunden eine Postkarte ein paar Tage bevor er das Paket erhalten soll, sendest und ihm sagst, dass du einen weiteren speziellen kostenlosen Bonus in seine Bestellung aufgenommen hast. Dies wird dazu beitragen, dass der Kunde das C.O.D. tatsächlich annimmt, wenn es ankommt. Ich denke jedoch, dass der Nachnahme mehr Ärger als alles andere ist. Wenn dein Kunde keine Kreditkarte oder zumindest eine Debitkarte hat, die fast jeder bekommen kann, möchtest du ihn vielleicht nicht als Kunden haben.

Stelle mir später eine Rechnung

Dies ist eine Spezialität für Zeitschriftenverlage aus einem Grund... wenn sie die Leute tatsächlich im Voraus bezahlen lassen müssten, würden sie nur 50% der Antworten erhalten, wahrscheinlich weniger. Nachträgliche Rechnungsstellung ist riskant. Du kennst die Leute, an die du deine Produkte sendest, wirklich nicht. Nightingale Connant basiert sein gesamtes Geschäft auf einer "Rechne mich später"-Promotion. So gewinnen sie neue Kunden in den großen Mengen, die sie tun. Du musst ein

Abrechnungssystem eingerichtet haben, um die Rechnungen zu senden. Du kannst eine Rechnung in die Sendung aufnehmen, in der angegeben ist, wann die Zahlung fällig ist. Wenn du ein Abonnement verkaufst, das du stoppen kannst, wenn sie nicht bezahlen, ist es definitiv besser, als wenn dein Produkt ein einmaliges Stück ist und sie es bereits vollständig besitzen. Überlege dir gut, bevor du dieses Angebot machst. Obwohl ich sicher bin, dass du mehr Bestellungen erhalten wirst, läuft alles darauf hinaus: Verfolge, wie viele Bestellungen du erhältst, wenn du das Geld im Voraus verlangst. Dann biete die Option "Rechne mich später" an und verfolge, wie viele Bestellungen du erhältst, und verfolge dann, wie viele innerhalb von 30 Tagen oder wann die Zahlung fällig war, bezahlt haben. Wenn die Gewinne mit der Option "Rechne mich später" signifikant höher sind, auch nach Abzug aller verlorenen Produkte (deine Fixkosten, nicht der Verkaufspreis) und der gesamten zusätzlichen Zeit für die Rechnungsstellung, dann mach weiter.

Kostenlose erste Flasche oder kostenloses erstes Video

Wenn du ein Produkt mit automatischem Versand wie ein monatliches Video oder eine monatliche Pillenlieferung machst, kannst du die erste Flasche oder das erste Video kostenlos verschenken und den Kunden nur bitten, die Versand- und Bearbeitungsgebühr (S/H) von 4,95$ oder 6,95$ mit ihrer Kreditkarte zu bezahlen. Du kannst dies nur mit einem Kunden mit Kreditkarte tun. Das Geheimnis ist der automatische Versand. Wenn der Kunde mit dem Produkt nicht zufrieden ist, muss er innerhalb von 30 Tagen anrufen, um weitere Sendungen zu stornieren. Natürlich gibt es auch Probleme mit dieser Art von Angebot.

Wenn du ein Produkt wie eine Flasche Pillen verkaufst, bei dem das Produkt immer dasselbe ist, musst du sicherstellen, dass du keine Betrüger hast, die anrufen und eine kostenlose Flasche an eine Adresse bestellen und dann an eine andere Adresse und dann noch eine weitere, nur um alle Sendungen in der folgenden Woche nach Erhalt von 4 oder 5 Flaschen von dir zu stornieren. Meine Erfahrung sagt mir jedoch, mir keine Sorgen um solche Leute zu machen, da du die Versand- und Bearbeitungsgebühr von der Person erhalten hast und diese die tatsächlichen Produkt- und Versandkosten gedeckt hat, also ist tatsächlich kein Geld "verloren", aber das größere Problem kommt im nächsten Monat, wenn diese Person verärgert anruft, wenn sie nicht rechtzeitig alle automatischen Lieferungen storniert hat und fünf Belastungen auf ihrer Kreditkarte für etwa 40$ jede hat. Die Kreditkartenunternehmen könnten anfangen zu denken, dass du etwas Unlauteres tust und dir Probleme machen. Stelle sicher, dass du in deiner Anzeige sagst:

"BEGRENZT AUF EINE FLASCHE PRO KUNDE UND FAMILIE."

Du musst dir darüber nicht allzu viele Gedanken machen, wenn dein monatliches Produkt unterschiedlich ist. Es gibt wirklich keinen Vorteil, zusätzliche Kopien desselben Videos zu erschleichen.

Verkaufen Sie jeweils nur ein Produkt

Ich sehe Narren, die 2, 3 oder 4 verschiedene Produkte in einer einzigen Anzeige oder einem einzigen Verkaufsbrief verkaufen. Dummköpfe. Vermarkter denken manchmal, dass sie die hohen Kosten für den Versand von Verkaufsbriefen oder die Werbung rechtfertigen können, wenn sie viele, viele Produkte anbieten. Sie denken wirklich, dass sie so mehr Erfolgschancen haben, aber dem ist nicht so. Graviere diese Worte in dein Gehirn - wenn es darum geht, einen einzelnen Verkaufsbrief oder eine einzelne Anzeige zu erstellen, VERKAUFE NUR EIN PRODUKT AUF EINMAL.

Joe Sugarman, der Meister hinter den BluBlocker-Sonnenbrillen, erzählt auch eine ähnliche Geschichte. Vor BluBlocker hatte er JS&A (das Sharper Image der 70er Jahre). Er verkaufte Navy Seals-Uhren. Der Lieferant dieser Uhren wollte, dass er alle verschiedenen farbigen Versionen dieser Uhr und die Damengrößen verkauft.

Joe wollte nur die schwarze Herrenversion verkaufen. Der Uhrenhersteller war verwirrt, warum er das tun wollte. Joe wusste etwas, das sie nicht wussten. Sie wollten wirklich, dass er alle Uhren auf einmal verkauft. Joe schlug vor, einen geteilten Test durchzuführen, bei dem eine Anzeige nur die schwarze Herrenversion der Navy Seals-Uhr und eine andere Anzeige alle Farben und Größen für Männer und Frauen enthalten würde. Als die Verkaufsergebnisse eintrafen, entschieden sie sich, die Anzeige mit nur der schwarzen Herrenversion der Navy Seals-Uhr zu schalten. Dies war ein extremes Beispiel, die Uhren waren alle gleich. Aber natürlich, wenn du eine Abnehmpille verkaufst, biete nicht gleichzeitig ein Viagra an!

DU KANNST NUR EINE SACHE AUF EINMAL VERKAUFEN.

Wenn du ein nicht verwandtes Produkt kostenlos mit dem Kauf deines Hauptprodukts verschenken möchtest, ist das in Ordnung, aber versuche NIEMALS, zwei Dinge gleichzeitig zu verkaufen.

KAPITEL 12

Garantieren Sie alles

Weißt du, wann ein Kunde entscheidet, ob er dein Produkt zurückgeben wird? Beim Kauf.

In den 80er und 90er Jahren konnte eine Zufriedenheitsgarantie dir einen Wettbewerbsvorteil verschaffen. Heutzutage ist sie eine Voraussetzung... Je mehr "Risiko" du von deinen Kunden nehmen kannst, desto besser. Wenn du gierig und/oder verängstigt bist, eine Garantie anzubieten, bist du vielleicht nicht allzu überzeugt von dem, was du verkaufst. Vielleicht bist du überzeugt, aber hast Angst, dass ein großer Prozentsatz der Leute davon profitieren wird. Ich habe zwei Worte für dich: KEINE SORGEN.

So funktionieren Garantien in Bezug auf die Antwort. Wenn du keine Garantie anbietest, könntest du an 10 von 1000 Leute verkaufen. Wenn du eine Garantie anbietest, könntest du 20 Bestellungen erhalten... und von diesen 20 werden zwei oder drei ihr Geld zurückverlangen. Selbst wenn du zwei oder drei Leuten ihr Geld zurückgibst, hast du immer noch 7 oder 8 zusätzliche Bestellungen. Du wärst immer noch im Vorteil.

In diesem Kapitel werden wir die beliebtesten Garantien behandeln, die ich in der Vergangenheit angeboten habe.

30 Tage bedingungslose Geld-zurück-Garantie

Dies ist die Standardgarantie, die deine Kunden erwarten. Keine Garantie anzubieten, lässt dein Produkt zwielichtig erscheinen. Also, im minimalen Umfang musst du eine standardmäßige 30-Tage-Geld-zurück-Garantie anbieten. Fühle dich frei, die Worte "Versandkosten trägt der Kunde" hinzuzufügen, was bedeutet, dass dein Kunde sein Geld zurückbekommen kann, abzüglich der Versand- und Bearbeitungskosten. Denke daran, dein Produkt und alle seine Bestellabwicklungskosten sind in der Gebühr enthalten, die du berechnest.

Selbst wenn ein Kunde sein Geld zurückhaben möchte, kannst du die Gebühr einbehalten, die dich der Versand des Produkts, die Herstellung des Produkts, die Entgegennahme des Anrufs usw. gekostet hat.

60 Tage oder 90 Tage oder länger Geld-zurück-Garantie

Auch dies ist eine bedingungslose Garantie. Menschen arbeiten mit Fristen. Wann zahlst du die Miete? Die Autokreditrate? Die

Kreditkartenrechnungen? Wenn ich etwas über Menschen weiß, dann dass sie ihre Rechnungen am letzten möglichen Tag bezahlen. Jeder tut das. Je länger der Zeitraum ist, in dem sie ihr Geld zurückbekommen können, desto länger dauert es, bis sie tatsächlich anrufen und es verlangen. Mit der Zeit vergessen sie es. Je länger der Zeitraum ist, desto weniger Rückerstattungen musst du geben.

Bedingte Garantien

Diese Garantie erlaubt es dem Kunden, sein Geld nur zurückzubekommen, wenn eine bestimmte Sache nicht so eintritt, wie es dein Produkt/Dienstleistung verspricht. "Wenn meine Sportvorhersagen in den nächsten 30 Tagen nicht mindestens zu 90% korrekt sind, erstatte ich dir jeden Cent deines Geldes zurück!"

Verdoppeln Sie Ihre Rückerstattung

Natürlich ist diese Art von Garantie bedingt, sonst würdest du ernsthaft Geld verlieren! Das Magazin Entrepreneur hat tatsächlich mit einer Reihe von Berichten und Heimstudienkursen begonnen, wie man bestimmte Arten von Unternehmen gründet. Soweit ich gelesen habe, waren sie zu Beginn von einer hohen Rückgabequote geplagt. Um diese bedingungslosen Rückgaben zu reduzieren, haben sie beschlossen, das DOPPELTE deines Geldes zurückzuerstatten, aber es war bedingt. Der Käufer dieser Kits musste nachweisen, dass er die im Kurs gelehrten Dinge tatsächlich ausprobiert hat. Die Verkäufe sind gestiegen, die Rückgaben sind gesunken.

Behalten Sie den Bonus!

Erinnerst du dich, dass du in deinem Angebot einige kostenlose Boni eingeschlossen hast? Erinnerst du dich, dass diese Boni in der nicht erstattungsfähigen Versand- und Bearbeitungsgebühr enthalten waren, die du deinem Kunden berechnest?

Du kannst eine bedingungslose Garantie von 30 oder 60 oder 120 Tagen oder wie viele Tage auch immer anbieten und deinem Kunden erlauben, die kostenlosen Boni zu behalten, die du ihm gegeben hast.

Mein Mentor Jay Abraham nennt das eine "Besser-als-risikolose-Garantie". Und das ist es auch. Denke darüber nach: Wenn du einige kostenlose Berichte, vielleicht ein Video und eine Kassette als kostenlose Boni gegeben hast, und sie einen "wahrgenommenen Wert" von 200 Dollar oder so hatten, kannst du dem Kunden sagen, dass er trotzdem Waren im Wert von 200 Dollar hat, unabhängig davon, ob er zufrieden ist oder nicht. Das ist nicht nur "risikolos", sondern BESSER als risikolos.

Rückerstattung, Versand und Bearbeitung

Manchmal kannst du dich auch dazu entschließen, nicht nur den Kaufpreis, sondern auch die Versand- und Bearbeitungsgebühr zu erstatten. Ich habe 1,4 Millionen Flaschen eines Nahrungsergänzungsmittels verkauft und eine solche Garantie eingeschlossen. Der Grund ist einfach: Manchmal möchte ein Kunde nicht nur sein Geld von dir zurück, sondern nachdem du es ihm gegeben hast, bestreitet er immer noch die Versand- und Bearbeitungsgebühr bei Visa oder MasterCard. Manchmal willst du nichts von einem unzufriedenen Kunden, nicht einmal eine Versand- und Bearbeitungsgebühr.

100 % bedingungslose Rückerstattung plus 10 %

Hier spielt man mit den Zahlen. Wenn dein Produkt für 69,95 Dollar verkauft wird und du 6,95 Dollar für Versand und Bearbeitung berechnest, kannst du den gesamten Betrag erstatten, und anstatt zu sagen, dass du auch die Versandkosten zurückerstattest, kannst du sagen:

"Du erhältst eine 100% Rückerstattung des Kaufpreises und ich lege sogar noch 10% extra für deine Zeit und Mühe oben drauf!" Tatsächlich erstattest du nur die Versandgebühr, aber es klingt besser auf diese Weise.

Garantie für den Boden des Glases

Diese wird im Nahrungsergänzungsmittelgeschäft verwendet. Es bedeutet, dass du das ganze Glas verwenden kannst und, wenn du am Ende nicht begeistert bist, kannst du das Glas ZURÜCKSCHICKEN, AUCH WENN ES LEER IST, und erhältst eine volle und vollständige Rückerstattung deines Kaufpreises. Für den Kunden ist es großartig, weil er die gesamte Versorgung verwenden kann und trotzdem sein Geld zurückbekommt.

Und es funktioniert gut für dich, weil du ihm die gesamte Versorgung nutzen lässt und ihn das Behältnis behalten lässt, weil er es dir zurückschicken muss. Dies sind alles Hindernisse. Natürlich, wenn ein Kunde dich anruft und sagt, dass er das Behältnis weggeworfen hat, gibst du ihm trotzdem eine Rückerstattung, aber du wirst überrascht sein, wie viele Leute nicht anrufen werden, nur um die Konfrontation zu vermeiden.

Ebenso, wenn ein Kunde anruft und sein Geld zurückhaben will und das Behältnis nicht an dich zurückschicken will - gib ihm verdammt noch mal die Rückerstattung. Aber wieder einmal wirst du überrascht sein, wie viele Leute nicht anrufen werden.

Der Unterricht erfolgt auf meine Kosten

Dies ist eine großartige Möglichkeit, eine Garantie für ein Produkt zu formulieren, von dem sie etwas lernen, sei es in einem Video, einer Kassette, einem Buch usw. Angenommen, es wäre ein Golfvideo, das lehrt, wie man den Ball weiter schlägt, könnte die Garantie so etwas sagen wie: "Schau dir das Video an, und wenn Johns Unterricht dir nicht hilft, den Golfball wie eine KANONE zu schlagen, 50 Yards weiter zu schlagen und gerade wie ein Pfeil zu treffen, mit mechanischer Präzision, dann geht die Golflesson auf meine Kosten. Schicke das Video zurück für eine volle Rückerstattung des Kaufpreises..."

Dies ist im Grunde eine Möglichkeit, eine Garantie auf eine attraktivere Weise zu formulieren. Du kaufst kein Video, du kaufst eine Lektion, die zufällig auf einer DVD oder einer VHS-Kassette oder was auch immer ist. Die Information bleibt im Kopf des Kunden. Du forderst nur das physische Produkt (das Video) zurück, aber die Erinnerung an das Gelernte bleibt im Kopf.

Wir schicken UPS zur Abholung für eine Rückerstattung!

Ich erinnere mich, eine Werbung für Malm's Wachs gesehen zu haben, der Titel lautete: "Entdecke das flüssige Carnaubawachs, das dein Auto so glänzend macht, dass, wenn du nicht denkst, dass es der tiefste Glanz ist, den du je gesehen hast, wir UPS schicken, um es für eine Rückerstattung abzuholen!" Dieser Titel hat mich beeindruckt, er ist kraftvoll! Aber Vorsicht: Hier wirst du etwas Geld verlieren. Abholscheine kosten Geld. Die Rücksendekosten kosten Geld. Wenn in deiner Anzeige oder deinem Verkaufsbrief die Garantie für den Kaufpreis und abzüglich der Versandkosten gilt, kannst du die ursprüngliche Versandgebühr einbehalten. Du musst nur für den Abholschein und den Rückversand zu dir bezahlen. Also, wenn du etwas Spielraum in der ursprünglichen Versandgebühr hast... wenn es genug ist, um den Rückversand zu decken... vielleicht kannst du diese Lösung anbieten. Und noch etwas: Du solltest ein außergewöhnliches Produkt haben... sonst wird dein Lagerhaus voller Kartons von unzufriedenen Kunden sein. Was ich an der Idee des Abholscheins mag, ist einfach dem Kunden zu sagen, dass er dein Produkt behalten oder einem Freund geben kann, der daran interessiert sein könnte. Wir werden den Kredit trotzdem geben. Eine halb benutzte Flasche Creme oder Pillen ist für mich wertlos.

Einige Anmerkungen zu den in diesen Seiten aufgeführten Garantien: Einige davon werden dir mehr oder weniger gefallen. Einige sind ethischer als andere... und es hängt alles davon ab, was dich ruhig schlafen lässt. Ich fördere oder entmutige die Verwendung einer bestimmten Garantie nicht, aber eines sage ich dir – du solltest immer eine Form von Zufriedenheitsgarantie anbieten!

KAPITEL 13

Bonus

Es ist schön, einen kostenlosen Bonus oder ein Geschenk zu erhalten, wenn man etwas kauft. Ich habe Produkte genommen, die kaum kostendeckend waren, habe einen Bonus hinzugefügt und eine große Zunahme der Reaktionen gesehen. Die Prämien sollten dich wenig bis gar nichts kosten. Damit meine ich nicht, dass die Prämien wertlos sein sollten – sie müssen einen gewissen Wert haben, um zu funktionieren.

Ich habe auch meinen Verkaufspreis erhöht, um ein kostenloses Geschenk zu kompensieren, das ich hinzufügen wollte, und trotzdem habe ich eine Zunahme der Reaktionen gesehen. Ich werde dir einige Beispiele für Angebote von kostenlosen Geschenken geben, die ich in der Vergangenheit verwendet habe, aber es funktioniert nicht immer. Du musst testen.

Einmal habe ich ein Autowachskit verkauft und eine Orbitalpoliermaschine als Geschenk angeboten. Es gab zwei Versionen des Kits – eine Halbliter- und eine Ein-Liter-Version. Die Poliermaschine gab es mit dem Ein-Liter-Kit. Ich konnte die Poliermaschinen für weniger als 14 Dollar vom Hersteller beziehen. Um die Kosten für die Poliermaschine zu kompensieren, musste ich die Versand- und Bearbeitungsgebühren erhöhen, und die Reaktionen auf die Ein-Liter-Kits nahmen zu. Ich erinnere mich, dass fast alle Käufe das größere Kit betrafen.

Ich profitierte auf zwei verschiedene Arten. Erstens verkaufte ich eine teurere Version des Produkts, und zweitens konnte ich die gesamte Reaktionsrate erhöhen. Das nenne ich eine Win-Win-Situation.

Im Bereich der Informationsprodukte können die Prämien zusätzliche Berichte, Aufzeichnungen von Seminaren oder Interviews mit Experten auf dem Gebiet usw. sein. Diese Art von Prämien kann einen hohen wahrgenommenen Wert haben und dich trotzdem nichts kosten, um sie einzuschließen.

Prämien können verwendet werden, um Kunden zu ermutigen, deine Produkte über einen längeren Zeitraum zu verwenden. Ich erinnere mich, dass ich ein Nahrungsergänzungsmittel auf einer automatischen Versandbasis angeboten habe. Ich sagte den Kunden, dass sie einen kostenlosen DVD-Player erhalten würden, wenn sie in der Lage wären, eine kleine Umfrage für mich zu machen.

Ich bekam diese DVD-Player für etwa 40 Dollar. Meine monatliche Lieferung von Pillen kostete den Kunden 40 Dollar. Ich ließ meine Kunden das Produkt im Durchschnitt vier Monate lang verwenden. Die Umfrage war eine sechsmonatige Studie.

Wenn der Kunde das Tagebuch, das ich seiner

Bestellung beigefügt hatte, ausfüllte, musste er das Produkt für volle sechs Monate verwenden. Nun, ich bekam zwei zusätzliche Verkaufsmonate – einen der Monateinnahmen, den ich verwenden musste, um den DVD-Player zu kaufen, aber ich hatte immer noch einen zusätzlichen Verkauf von 40 Dollar als Gewinn, plus das Tagebuch vom Kunden, das ich nach Belieben verwenden konnte. Der Kunde erhielt einen kostenlosen DVD-Player für die Nutzung eines Produkts, das ihm gefiel. Auch dies war eine Win-Win-Situation für alle Beteiligten.

Prämien können oder müssen nicht relevant für das Produkt sein, das du verkaufst. Was du tun musst, ist, das Angebot mit und ohne Prämie oder mit verschiedenen Prämien zu testen. Wenn eine Prämie erfolgreich ist, solltest du sie auf jeden Fall einbeziehen.

KAPITEL 14

Referenzen

Eine der Hauptgründe, warum Menschen nicht auf deine Verkaufsschreiben, Zeitschriftenanzeigen oder Fernseh- und Radiospots reagieren, ist, dass sie nicht glauben, was du sagst. Richtig eingesetzte Testimonials können einen Teil ihres Skeptizismus verringern.

Weißt du, was ich hasse? Wenn ich einen Absatz von einem zufriedenen Nutzer sehe, der etwas sagt wie: "Ich liebe dieses Produkt!" - J.A., NY. Diese Testimonial ist völlig falsch.

Erstens ist es eine vage Aussage, die deinem Verkaufsgespräch nicht hilft, und zweitens wird der Name der Person nur mit Initialen sowie ihrem Standort angegeben.

Testimonials sollten einen vollständigen Namen sowie vollständige Stadt- und Staatsangaben enthalten und ausführlicher sein.

Mir gefällt ein Testimonial wie dieses: "Ich habe vor drei Monaten begonnen, XYZ zu verwenden. Als ich anfing, XYZ zu benutzen, war mein Busen kaum eine Körbchengröße A... aber jetzt bin ich eine volle B und mein Busen verschwindet nicht mehr, wenn ich ein T-Shirt trage!" - Mary Brown, Houston, Texas.

Das ist ein wesentliches Testimonial. Ich füge gerne noch mehr Details hinzu, um zu zeigen, dass sie von einer echten Person stammen. Hier sind einige Dinge, die du hinzufügen kannst, um sie realer und authentischer zu machen:

1. Verwende einen vollständigen Namen. Das ist überhaupt nicht schwierig. Niemand wird den Verfasser auf der Straße suchen.

2. Gib den Beruf des Verfassers an. Das verleiht der Aussage mehr Glaubwürdigkeit. Wenn ein Testimonial von einem Polizeibeamten, Anwalt, Arzt usw. stammt, macht das die Aussage noch kraftvoller.

3. Gib das Alter und das Geschlecht des Verfassers an. Auch das verleiht Glaubwürdigkeit.

4. Verwende ein Foto des Verfassers. Das verleiht Glaubwürdigkeit.

5. Verwende Vorher-Nachher-Fotos. Dies funktioniert in Fällen, in denen dein Produkt beim Benutzer eine Art Veränderung bewirkt. Produkte zur Gewichtsabnahme, Produkte zur Altersreduzierung, Produkte für den Muskelaufbau usw.

Wie man Testimonials von Nutzern erhält

Du musst nicht warten, bis die Nutzer deiner Produkte entscheiden, ob und wann sie dir einen netten Brief schreiben. Werde aktiv. Ich empfehle, deinen Kunden einen Bonus anzubieten, wenn sie dir ihr ehrliches Feedback zu deinem Produkt geben. Einige Tage nachdem sie ihre Bestellung erhalten haben... oder direkt in ihrer Bestellung... füge einen Brief hinzu, in dem du sagst, dass du Testimonials für deine nächste Kampagne suchst.

Sage ihnen, dass sie einen Bonus erhalten, wenn sie ihr Testimonial einsenden. Der Bonus kann alles sein, was du möchtest. Dann erkläre, dass sie, wenn du ihre Geschichte in deiner Anzeige verwendest, 500 Dollar oder eine andere Summe erhalten.

Bill Phillips von EAS machte 1998 etwas Radikales. EAS war ein Unternehmen, das Nahrungsergänzungsmittel für den Muskelaufbau herstellte. Bill hatte einen roten Lamborghini, den er der Person geben würde, die seine Produkte wie empfohlen verwendet und die größte Transformation durch die Nutzung seiner Produkte erreicht hatte.

Er machte eine ganze Promotion für dieses Auto als Preis. Erstens gewann er mehr Kunden, die seine Produkte ausprobierten. Zweitens erhielt er Tausende von Vorher-Nachher-Fotos und Geschichten zur Verwendung in zukünftigen Werbungen. Drittens ließen seine Kunden das Produkt über einen längeren Zeitraum hinweg verwenden.

Wenn man die Zahlen betrachtet, auch wenn er ein Auto im Wert von 150.000 Dollar verschenkte... erzielte er durch die unglaublichen Testimonials und Vorher-Nachher-Fotos Millionen mehr an Umsatz.

Wie man die Erlaubnis zur Nutzung von Testimonials erhält

Füge ein spezielles Formular für Testimonials ein. Es kann alle Informationen enthalten, die du erhalten möchtest. Es sollten Felder für Alter, Beruf, Name, Stadt, Staat, Telefonnummer usw. vorhanden sein. Stelle sicher, dass es ein großes Feld mit genügend Zeilen für ihre Geschichte gibt, aber nicht zu viele. Du möchtest nicht, dass diese Personen dir ein Buch schreiben.

Am Ende bitte um eine Unterschrift, die dir erlaubt, ihre Geschichte in zukünftigen Werbungen zu verwenden.

Prominenten-Endorsements

Einmal habe ich Radiospots in der Howard Stern Show jeden Morgen ausgestrahlt. Wir hatten eine sexy Penthouse Pet, die das Voice-over machte, und die Ergebnisse waren sehr gut. Nachdem wir die Werbung mehrere Monate ausgestrahlt hatten, ließ die Resonanz nach und es war nicht mehr rentabel, sie zu senden. Wir sagten dem Verkaufsrepräsentanten der Radiostation, dass wir die Anzeigen zurückziehen würden, da sie keine Ergebnisse mehr brachten. Howard wollte das Geschäft, das wir seinem Netzwerk brachten, nicht verlieren, also machte er das Voice-over für unsere Werbung kostenlos. Er empfahl das Produkt und sagte, wie er von den Nutzern hörte, wie gut es für sie funktionierte usw. Wir strahlten den neuen Spot von Howard aus und stellten fest, dass er funktionierte. Schließlich zogen wir die Anzeigen zurück... aber wir platzierten die Werbung auf unserer Website und der Link sagte: "Hör dir an, was Howard Stern über unser Produkt sagt!"

Verwechsle Prominenten-Endorsements in deinem Brief nicht mit Empfehlungsschreiben oder „Host Parasite"-Angeboten, über die wir in einem früheren Kapitel gesprochen haben.

Zusammenfassend: Prominenten-Endorsements sind keine Wundermittel, sie werden deine Resonanz nicht verdoppeln... aber sie verleihen deinen Angeboten etwas Glaubwürdigkeit. Wenn du sie bekommen kannst, großartig. Füge sie hinzu. Aber denke nicht, dass sie die Promotion vor Verlusten retten werden.

Testimonials hingegen sind ein Standard für dein Angebot und du solltest sie immer verwenden.

KAPITEL 15

Denn Werbung verkauft sich nicht

Eine profitable Reaktion auf deine Verkaufsschreiben und Werbung zu erzielen, kann kompliziert sein... aber wenn man es genau analysiert, gibt es nur vier Gründe, warum deine potenziellen Kunden nicht bei dir kaufen. Ich werde jeden Einzelnen besprechen und Techniken aufzeigen, wie man sie überwinden kann.

1. Sie nehmen deine Verkaufsbotschaft nicht wahr

Wenn du Verkaufsschreiben per Post versendest, gibt es viele Dinge, die verhindern können, dass deine potenziellen Kunden deine Briefe erhalten, sehen und/oder lesen.

Wenn du Standardpost versendest – was ich nicht empfehle... könnte das Postamt deinen Brief wegwerfen. Vor einigen Jahren gab es im Bronx ein verlassenes Gebäude, das Postarbeiter benutzten, um ihre Werbepost abzuladen. Anstatt sie zuzustellen, warfen sie sie einfach in dieses Gebäude. Erst als das

Gebäude Feuer fing, entdeckten die Behörden, was seit Jahren vor sich ging! Ich habe ein ganzes Kapitel später in diesem Buch dem Postamt gewidmet und wie man sicherstellt, dass dein Brief zugestellt wird.

Wenn du Standardpost versendest – könnte dein potenzieller Kunde umgezogen sein und Standardpost wird nicht an die neue Adresse weitergeleitet. Menschen ziehen oft um. Wenn du Post erster Klasse sendest – was ich empfehle, wird die Post an die neue Adresse weitergeleitet, wenn die Person einen Nachsendeauftrag eingereicht hat.

Wenn dein Verkaufsschreiben wie JUNK MAIL aussieht, könnte dein potenzieller Kunde es wegwerfen, bevor er ihm überhaupt eine Chance gibt, geöffnet zu werden. In den folgenden Kapiteln werde ich zeigen, wie man sicherstellt, dass deine Verkaufsschreiben von deinen potenziellen Kunden geöffnet werden. Ich sage dir das sofort: Wenn du einen Verkaufsschreiben sendest – oder noch schlimmer einen FLYER... noch schlimmer, mit einer ADRESSAUFKLEBER darauf... sieht es nach Müll aus und wird dort enden.

Du könntest auch die falsche Überschrift auf deinem Verkaufsschreiben oder deiner Werbung haben, die den Leser nicht dazu bringt, den Haupttext zu lesen. Später in diesem Buch habe ich ein ganzes Kapitel nur den Überschriften gewidmet! Wenn du nicht die richtigen potenziellen Kunden für dein Angebot anziehst... werden sie nie lesen, was du im Hauptteil deines Verkaufsschreibens und/oder deiner Werbung sagst. Du musst einfach die richtigen Leute anziehen, die dein Produkt kaufen.

Wenn du in einer Zeitschrift wirbst, könnte deine Anzeige unattraktiv sein, sodass dein potenzieller Kunde weiterblättert – deine Anzeige komplett ignorierend. Wenn deine Anzeige nicht „gegen den Strom" geht, wie eine Anzeige aussehen sollte, wird sie nicht alle Leser anziehen, die sie sollte.

2. Sie wollen nicht, was du verkaufst

Selbst für die schönsten Frauen Amerikas gibt es Männer, die nicht mit ihnen schlafen würden. Es ist unmöglich, dass jede Person, die deine Post erhält, dein Produkt will. Aber in diesem Geschäft machen wir unser Geld mit den 2 %, die es tun. Wenn du die falsche Liste anvisierst... oder deine Anzeige in der falschen Zeitschrift schaltest... oder einfach ein nicht so begehrenswertes Produkt hast... wirst du Schwierigkeiten haben, genügend Bestellungen zu erhalten, um deine Werbekosten zu decken.

Es ist einfach – du musst ein Produkt haben, das eine große Gruppe deiner potenziellen Kunden anspricht, und du musst sicherstellen, dass du es den richtigen potenziellen Kunden vorstellst – und wenn du in einer Zeitschrift wirbst, oder einen TV- oder Radiospot machst... musst du es zum richtigen Preis tun. Es ist unerlässlich, die bestmöglichen Medienkosten zu verhandeln, wenn du eine Anzeige machst. Wenn alle Anzeigen kostenlos wären, wäre jedes Produkt ein Erfolg.

Es wird immer jemanden geben, der dein Produkt will... die Kunst besteht darin, genügend Leute auf deiner Liste potenzieller Kunden oder in der Auflage der Zeitschrift zu haben, die kaufen und mehr Umsatz bringen, als die Werbung gekostet hat.

3. Sie können sich nicht leisten, was du verkaufst

Ich kenne tonnenweise Leute, die gerne einen Ferrari besitzen würden. Ich wette, wenn er neu 20.000 Dollar kosten würde, würden 9 von 10 Leuten einen Ferrari einem Honda Civic vorziehen. Der Grund, warum die Straßen nicht voll von diesen italienischen Kunstwerken sind, ist, dass nur die sehr Reichen sie sich leisten können.

Das Gleiche gilt für andere Produkte. Manchmal kosten sie einfach zu viel. Ich erinnere mich, als ich im Direct Response-Bereich anfing; ich wollte zu einem Seminar gehen, das 5.500 Dollar kostete. Ich hatte das Geld nicht... noch hatte ich irgendwelche Vermögenswerte, die ich „verpfänden" konnte, um das Geld zu bekommen. Wenn es eine Skala von 1 bis 10 gäbe, wie sehr ich zu diesem Seminar gehen wollte... hätte ich mein Verlangen mit 10 bewertet. Ich wollte wirklich dort hin... sehr.

Nun, es gab zwei andere Optionen, um das Seminar zu kaufen. Erste Option: Das Seminar bot einen Zahlungsplan an. Es waren etwa 500 Dollar pro Monat für 11 Monate. Und die zweite Option war eine Heimstudienversion des Seminars. Es war im Wesentlichen eine Bandaufnahme des vorherigen Seminars. Es kostete nur 2200 Dollar... und sie boten auch Zahlungsbedingungen von 200 Dollar pro Monat für einige Monate an.

Wenn du etwas für mehr als 100 Dollar verkaufst... könnte es klug sein, einen Zahlungsplan zu testen, um mehr Kunden zu gewinnen.

Erinnere dich daran, was ich früher in diesem Buch gesagt habe: Wenn es keine Finanzunternehmen gäbe, die Menschen Hypotheken gewähren... würde kein Haus verkauft werden. Wie viele Menschen haben genug Geld, um ihr Haus bar zu kaufen? Vielleicht 1 %? Zahlungsbedingungen ermöglichen es den Menschen, ihr Haus im Laufe von 30 Jahren oder so zu bezahlen.

Du bist eine intelligente Person. Du kannst andere Wege finden, um dein Produkt erschwinglicher erscheinen zu lassen.

4. Sie glauben dir nicht

Ich würde wahrscheinlich sagen, dass dies einer der wichtigsten Gründe ist, wenn nicht der wichtigste, warum deine potenziellen Kunden nicht kaufen, was du verkaufst. Das Lustige ist, dass, wenn eine Kampagne eine schlechte Reaktion erhält, normalerweise gedacht wird, dass sie nicht hart genug verkauft haben, also übertreiben sie ihre Behauptungen und Versprechen noch mehr. Das ist kontraproduktiv. Der Grund, warum sie nicht bestellt haben, war, weil sie deinem Verkaufsgespräch nicht geglaubt haben. Deine Behauptungen noch mehr zu übertreiben, wird nur ihr Misstrauen erhöhen. Es könnte die Antwort ein wenig erhöhen... von leichtgläubigen Menschen. Aber auf Kosten eines höheren rechtlichen Risikos.

Hier ist, was ich glaube. Es gibt mehr Menschen, die dein Produkt kaufen würden, wenn du dein Verkaufsgespräch glaubwürdiger gemacht hättest, als Menschen, die kaufen würden, wenn dein Angebot und/oder deine Behauptungen stärker und übertriebener wären. Probiere es in deinem nächsten Verkaufsschreiben oder deiner nächsten Anzeige aus.

Ich habe etwas Wichtiges über Glaubwürdigkeit gelernt und möchte es dir beibringen. Kurz bevor du eine Behauptung für dein Produkt machst... gib einen Fehler zu. Das Eingeständnis eines Fehlers macht deine Behauptung glaubwürdiger. So funktioniert das:

„Dies ist mein erstes großes Buch. Ich bin kein etablierter Autor, also wird dieses Buch einige Fehler haben. Wenn du wegen des Stils oder der literarischen Qualität liest, wie ich schon sagte, könnte dies nicht das Buch für dich sein. Aber es gibt Absätze in diesem Buch – Ideen in diesem Buch – ganze Kapitel in diesem Buch, die ich nie zuvor gewagt habe, auf Papier zu bringen! Und sie werden Türen für dich öffnen – vielleicht schon morgen –, die sonst ein Leben lang hätten warten müssen, um durchschritten zu werden."

Oder so etwas wie:

„Unser neues Faltenentferner ist keine dauerhafte Lösung. Die Ergebnisse, die du mit diesem Produkt erzielen wirst, sind nur vorübergehend. Aber auch wenn die Ergebnisse acht bis zehn Stunden anhalten, wird dir dieses Produkt ermöglichen, jede feine Linie und Falte in deinem Gesicht zu verbergen. Die Ergebnisse, die dieses Produkt liefert, auch wenn sie vorübergehend sind, sind absolut unglaublich!"

Oder so etwas wie:

„Aber denke nicht einmal eine Sekunde daran, dass dieses Produkt funktioniert, wenn du keine gesunde Ernährung und ein Trainingsprogramm einhältst. Wenn du auf der Couch sitzt und weiterhin falsches Essen isst, wird dieses Produkt nichts für dich tun. Aber andererseits hat eine kürzlich durchgeführte klinische Studie gezeigt, dass dieses Produkt jeden einzelnen Tag 930 zusätzliche Kalorien verbrennen kann, wenn du richtig isst und trainierst. Fast die Hälfte deiner täglichen Kalorienaufnahme... ELIMINIERT!"

Siehst du, wie das Eingeständnis der Wahrheit... oder eines Fehlers kurz bevor du eine Behauptung machst, die Behauptung glaubwürdiger macht?

Hier sind einige andere Möglichkeiten, wie du dein Verkaufsgespräch für deine potenziellen Kunden glaubwürdiger machen kannst:

Erhöhe die Glaubwürdigkeit mit...

- EINER STARKEN GARANTIE
- DOPPELGELD-ZURÜCK-GARANTIE
- ENDORSEMENT VON EINEM GEMEINSAMEN FREUND
- TESTIMONIALS
- PROMINENTEN-ENDORSEMENTS
- KOSTENLOSE PROBE

- KEIN EINLÖSEN DES Schecks FÜR 30 TAGE
- KEINE BELASTUNG DER KREDITKARTE FÜR 30 TAGE
- PATENTNUMMER ANFÜHREN
- RATEZAHLUNGEN
- VERWENDEN EINER ECHTEN ADRESSE UND EINER TELEFONNUMMER
- ERZÄHLEN DER ENTWICKLUNGSGESCHICHTE
- VERWENDEN VON SPEZIFISCHEN INFORMATIONEN, DIE ÜBERPRÜFT WERDEN KÖNNEN
- BEGLAUBIGTE AUSSAGE
- VERWENDEN VON SPEZIFISCHEN TESTERGEBNISSEN
- VERWENDEN EINER PERSÖNLICHEN GESCHICHTE
- VERWENDEN VON DATEN AUS EINEM ZEITSCHRIFTENARTIKEL
- VORHER-NACHHER-FOTO
- EINE KOPIE EINER LIZENZ
- FOTOS VON ANDEREN NUTZERN
- REFLEKTIERTER RUHM/VERGANGENE ERFOLGE
- ANZAHL DER ZUFRIEDENEN NUTZER

- VERKAUFTE MENGEN DES PRODUKTS
- EMPATHIE
- SCHREIBEN IN DER ERSTEN PERSON
- EINEN GÜNSTIGEN ZEITSCHRIFTENARTIKEL BEIFÜGEN
- BESSERE GARANTIE ALS RISIKOFREI
- ANZAHL DER JAHRE IM GESCHÄFT
- CURRICULUM-INFORMATIONEN (DDS, ESQ, PhD)
- WIE GESEHEN IN...
- ERKLÄRE, WIE MAN DIE WIRKSAMKEIT NACHWEISEN KANN
- MITGLIEDSCHAFT IN DER BBB ODER EINER ANDEREN GESELLSCHAFT
- EIN PRODUKTBEISPIEL
- WIR STELLEN DIR DAS PRODUKT SPÄTER IN RECHNUNG
- PERSÖNLICHE EMAIL-ADRESSE FÜR FRAGEN
- HEIMSTUDIE
- EINGESTÄNDNIS VON FEHLERN
- FOTO DER PERSON, DIE DEN BRIEF SCHREIBT
- NIEMALS HUMOR VERWENDEN

Dein Erfolg hängt davon ab, wie gut du Fremde überzeugen kannst, die Dinge aus deiner Sicht zu sehen. Beherrsche und überwinde die vier Gründe, warum potenzielle Kunden nicht kaufen. Versuche, dass dein Angebot im Fluss bleibt und sich nicht in einem dieser vier Gründe verfängt.

HINWEIS: Seit ich dieses Buch geschrieben habe, habe ich einen weiteren Grund entdeckt, warum jemand nicht auf dein Angebot reagieren könnte. Du kannst die vier Hauptgründe abdecken, warum sie nicht kaufen... aber sie könnten trotzdem nicht reagieren, auch wenn sie dein Produkt wollen. Sie könnten es nicht genug wollen, um den von dir verlangten Betrag zu tauschen. Sicher, sie können das ganze Geld der Welt haben... aber nur weil sie genug Geld haben, bedeutet das nicht, dass sie den Preis bezahlen, den du verlangst. Zum Beispiel... hatte ich mehrere Millionen Dollar auf der Bank und wollte diesen neuen Lamborghini. Das einzige war, dass ich die 50.000 Dollar Aufpreis nicht bezahlen wollte, die der Händler verlangte, weil es ein sehr gefragtes Auto war.

Sicher... dein potenzieller Kunde könnte dein neues Diätpille wollen... aber wenn du 100 Dollar pro Flasche verlangst... könnten einige Leute es nicht genug wollen, um die 100 Dollar zu tauschen. Du könntest es sogar für 30 Dollar verkaufen und es könnten immer noch Leute geben, die die 30 Dollar in der Bank nicht gegen diese Pillen tauschen wollen.

HIER KOMMEN EXZELLENTE COPYWRITING-FÄHIGKEITEN INS SPIEL.

Du musst gute Arbeit leisten, um sie zu überzeugen,

dass der von dir verlangte Preis nur ein Bruchteil dessen ist, was er oder sie durch die ERGEBNISSE gewinnen wird, die sie durch die Nutzung deines Produkts erzielen. Stelle sicher, dass du das nächste Kapitel liest.

KAPITEL 16

Texter oder selbst machen?

An diesem Punkt solltest du eine klare Vorstellung von dem Produkt oder der Dienstleistung haben, die du produzieren und vermarkten möchtest. Du solltest ein vollständiges Verständnis der Mathematik der Direktreaktionsprodukte besitzen.

Jetzt hast du genügend Daten, um tatsächlich einen Verkaufsbrief oder eine Anzeige für dein Produkt zu erstellen. Du kannst dein Verkaufsmaterial selbst erstellen oder einen professionellen Copywriter beauftragen, die Arbeit für dich zu erledigen. Wenn du ein paar tausend Dollar übrig hast, auch für einen mittelmäßigen Copywriter, würde ich es dir empfehlen.

Aber andererseits, wenn du gerade genug Geld hast, um einen Testversand von 2.500 Stück durchzuführen ... oder wenn du einfach der Typ bist, der alles selbst machen möchte ... dann solltest du die nächsten fünf Kapitel studieren, die sich mit der Erstellung des Verkaufsbriefes oder der Anzeige befassen.

Wenn du den sichereren Weg gehen und einen Copywriter beauftragen möchtest, um die Arbeit für dich zu erledigen ... kannst du zwischen 500 Dollar und 15.000 Dollar und mehr für Top-Copywriter wie mich ausgeben. Wenn du zu mir kommen und mich bitten würdest, dein Verkaufsmaterial zu erstellen ... und wenn unsere Zeitpläne nicht kollidieren ... müsstest du mit 15.000 Dollar plus einem Prozentsatz des Bruttoumsatzes rechnen, falls der Brief oder die Anzeige veröffentlicht wird.

Zu viel Geld? Für einige ja, für andere nein.

Die Kosten für Werbung, sei es in Zeitschriften oder per Post, sind unabhängig davon gleich, ob dein "Pitch" 100 Bestellungen oder 1.000 Bestellungen generiert. Warum also nicht das Beste aus deinen Werbedollars herausholen?

Ich glaube, dass 80% der Copywriter "gute" Werbung produzieren können, 15% können "ausgezeichnete" Werbung erstellen ... und 5% können absolut "PHÄNOMENALE" Werbung liefern.

Möchtest du wissen, ob du so gut bist wie die 80%, die "gute" Werbung erstellen können? Lies die nächsten fünf Kapitel ... studiere sie ... und dann schreibe dein eigenes Mailing oder deine Anzeige. Bist du zuversichtlich genug, es zu drucken und mit einer 37-Cent-Briefmarke zu versenden? Wenn ja, dann mach weiter.

Wenn nicht, ist dieses Kapitel für dich.

Das Schreiben eines großartigen Textes kommt mit der Erfahrung. Selbst wenn du ein wenig Geld zu investieren hast, kann ein günstiger Copywriter immer noch einen "guten" Text erstellen ... andernfalls würde er bei McDonald's arbeiten.

Hier ist, was du tun solltest, wenn du nach einem Copywriter suchst.

Suche im Internet ... mache eine Google-Suche nach Copywritern ... aber stelle sicher, dass es sich um DIREKTMARKETING-COPYWRITER handelt - solche, die tatsächlich Beispiele anderer Verkaufsbriefe und Anzeigen haben, die sie dir zusenden können, damit du ihre Fähigkeiten überprüfen und beurteilen kannst.

Stelle sicher, dass du den Copywriter fragst, ob er Erfahrung im Schreiben für Produkte hat, die deinen ähnlich sind. Wenn ja, fordere unbedingt Beispiele an! Wenn dir gefällt, was du siehst, sprich über den Preis mit ihnen.

Nachdem du die nächsten Kapitel gelesen hast, kannst du, auch wenn du dich entscheidest, deinen ersten Verkaufsbrief oder deine Anzeige nicht selbst zu schreiben, zumindest genug Fähigkeiten erwerben, um eine gute, großartige oder schreckliche Werbung zu erkennen.

KAPITEL 17

Die Post

Bevor wir überhaupt daran denken, ein Wort zu schreiben, müssen wir eine ungefähre Vorstellung von den Merkmalen deines Briefes haben.

Papierqualität

Lass dich nicht täuschen und denke, du müsstest hochwertiges Papier verwenden. Einfaches, altes, weißes Standardpapier mit 20 Pfund reicht völlig aus. Schwereres Papier oder glänzendes Papier erhöhen nur die Druck- und Versandkosten, da es schwerer ist. Halte dich an das Standardmaterial.

Einsatz von Farbe und Fotos

Willst du etwas wissen? Meine erfolgreichsten Verkaufsbriefe waren einfarbig (nur schwarze Tinte) und enthielten in der Regel keine Fotos! Zu aufwendige Gestaltung kann die Antwortquote tatsächlich schmälern. Halte es einfach.

Adressierung

Wenn es um die Adressierung deines Umschlags mit der Adresse und dem Namen des Kunden geht ... verwende kein Adressetikett. Der Trick besteht darin, dass es nicht wie Werbepost aussehen soll. Du solltest die Adressen direkt auf den Umschlag drucken.

Briefmarke

Was du tun solltest, ist eine echte Erstklass-Briefmarke zu verwenden. Es sollte nicht wie Werbepost aussehen.

Weniger ist nicht mehr

Wenn du denkst, du könntest ein paar Dollar sparen, indem du bestimmte Teile des Direktmailings weglässt, machst du einen Fehler. Wenn du den Verkaufsbrief von 4 Seiten auf 2 Seiten reduzierst ... wirst du auch deine Antwortquote reduzieren. Die Post erlaubt uns, bis zu einer Unze für 37 Cent zu versenden ... und wir wollen, dass unser Mailingstück genau 0,9 Unzen oder sogar eine volle Unze wiegt. Maximiere das, was du für eine Unze versenden kannst!

Jetzt kannst du beginnen, Ideen für Überschriften zu sammeln, indem du Fragen und Antworten sammelst, die potenzielle Kunden haben könnten, sowie Testimonials ... usw.

Aber bevor wir zum Einsatz von Grafiken und Typografie im nächsten Kapitel übergehen ...

sprechen wir über das Erste, was dein potenzieller Kunde und der Postzusteller sehen werden – DEINEN VERSANDUMSCHLAG. Dies ist ein entscheidender Teil deines Erfolgs im Direktmailing.

Der einzige Zweck des Umschlags ist es, zugestellt zu werden und geöffnet zu werden – das ist alles. Er ist nicht dazu da, zu „verkaufen" ... er ist nicht dazu da, deinem potenziellen Kunden mitzuteilen, was du verkaufst ... er ist nicht dazu da, über den Preis zu sprechen ... er wird nur verwendet, um das Verkaufsmaterial zusammenzuhalten, ohne dass es unterwegs verloren geht.

Er sollte nicht auffällig sein. Er sollte nicht hübsch sein. Hier sind die einzigen zwei Arten, wie er aussehen sollte:

1. Er kann offiziell aussehen. Er kann wie ein Brief vom Finanzamt oder einer Regierungsbehörde aussehen. Er kann wie eine Kreditkartenabrechnung aussehen. Er kann wie ein Brief von einem Anwalt ... oder einem Arzt ... oder einem medizinischen Labor aussehen.

2. Er kann vage sein, nur mit einer Rücksendeadresse und ohne Firmennamen! Kein anderes Wort auf dem Umschlag außer vielleicht „Erstklass-Post".

Hier sind einige großartige Beispiele für offizielle Umschläge, die ich in der Vergangenheit mit großem Erfolg verwendet habe. Ich verkaufte Nahrungsergänzungsmittel. Ich hatte das Firmenlogo in der Ecke zusammen mit der Adresse. Es hieß

PharmaCeutic Laboratories und unter dem Logo stand die Adresse: 4055 Industrial Blvd. Lyndhurst, New Jersey, 07071. Ich druckte alles in blauer Tinte, sodass es medizinisch aussah. In diesem Verkaufsbrief hatte ich die Ergebnisse einer klinischen Studie zu dem Produkt, das ich verkaufte, also fügte ich in der unteren linken Ecke des Umschlags die Worte hinzu: „Erstklass-Post – Wichtige Testergebnisse enthalten".

Sowohl für den Postzusteller, der tausende Briefe bearbeitet, als auch für den Empfänger sah es nach etwas Wichtigem aus. Unser einziges Ziel in diesem Moment ist es, den Brief zuzustellen und öffnen zu lassen.

Ein Umschlag kann persönlich aussehen. Ein einfacher Umschlag mit einer Rücksendeadresse, die nur die Adresse und nicht den Namen preisgibt ... getippt in der Schriftart „Courier" oder sogar handgeschrieben ... mit dem Namen des Empfängers in der Mitte. Das ist ein einfacher Umschlag und wird immer geöffnet. Mach dir keine Sorgen, dass es nicht „professionell" aussieht.

Später, wenn du einen erfolgreichen Verkaufsbrief hast, kannst du mit provokativen Werbekopien auf den Umschlägen experimentieren ... aber jetzt spielen wir auf Nummer sicher. Denk daran, der Grund Nr. 1, warum Menschen nicht bei dir kaufen, ist, dass sie dein Verkaufsmaterial nicht erhalten oder bemerken. Persönliche und offizielle Briefe werden immer vom Postamt zugestellt und vom Empfänger geöffnet!

KAPITEL 18

Grafiken und Typografien

Viele unerfahrene Personen verschwenden zu viel Geld, wenn sie beim Grafikdesigner, in der Druckerei oder beim Schalten einer Anzeige in einer Zeitschrift sind. Anfänger denken, dass je schöner eine Verkaufsbotschaft aussieht ... je auffälliger die Grafiken sind ... je farbenfroher ... je glänzender das Papier ist ... desto besser wird die Resonanz sein. Nichts könnte weiter von der Wahrheit entfernt sein.

Ich erinnere mich an eine Situation, als mein Assistent einen Fehler machte und meiner Druckerei sagte, schweres glänzendes Kartonpapier für eine Testsendung zu verwenden. Ich wollte normalen 60-Pfund-Offsetkarton - wie immer. Ich war etwas verärgert. Schließlich würde dieser Papierfehler mein Mailingstück über das Unzen-Limit bringen ... und das bedeutet, dass ich 23 Cent mehr für jeden Verkaufsbrief zahlen müsste!

Trotzdem schickte ich die Testsendung ab, und sie war erfolgreich. Als ich das Mailing in großem Maßstab realisierte, verwendete ich natürlich das richtige Papier. Ich habe sogar die zweite Farbe, die ich für die Überschrift verwendet hatte, weggelassen und alles in schwarzer Tinte gedruckt. Hat die Resonanz plötzlich abgenommen? NEIN. Sie war genau die gleiche.

Überlege dir, wenn dir etwas angeboten wird, das du willst, wird es dir wichtig sein, ob der Verkaufsbrief auf luxuriösem Papier gedruckt ist? Wenn überhaupt, lenkt die Raffinesse des Papiers vom Verkaufsbotschaft ab.

Das gleiche gilt für Anzeigen in Zeitschriften. Das Geheimnis liegt in der Botschaft und darin, die Botschaft bemerken und lesen zu lassen - nicht in der Schönheit.

Viele Copywriter sagen "hässlich funktioniert", und ich glaube daran. Sie empfehlen, hässlich farbiges Papier für Einleger und Verkaufsbriefe zu verwenden. Ich spreche nicht von dunklen Papierfarben, die schwer zu lesen sind ... nur seltsame Farben, wie Mango. Sie heben sich sicherlich in einem Meer von weißem Papier ab. Ich sage, dass du dich zuerst darum kümmern solltest, dass der Verkaufsbrief funktioniert, und dann mit den Papierfarben experimentieren kannst. Verwende anfangs weißes oder cremefarbenes Papier.

Auch bei Zeitschriften. Ich zahle nie extra, um meinem Anzeige Farbe hinzuzufügen. Tatsächlich ist es ein Betrug, wenn eine Zeitschrift zusätzliche Kosten für eine Farbanzeige verlangt, weil heutzutage alle Zeitschriften in Farbe gedruckt werden. Es kostet den Verlag also keinen Cent mehr, deine Anzeige in Farbe zu drucken.

Wir möchten keine Farbanzeigen schalten - auch

wenn der Verlag sie kostenlos anbietet. Das mag verrückt klingen, aber das Geheimnis erfolgreicher Werbung in Zeitschriften besteht darin, aufzufallen. Wenn die gesamte Zeitschrift in Farbe ist ... und der Verlag allen anderen Werbetreibenden Farbe kostenlos anbietet ... ist es ein großer Vorteil für dich, eine schwarz-weiße Anzeige zu schalten. Du wirst die "auffälligste" Anzeige in der Zeitschrift haben!

Was die eigentliche Grafik und Typografie betrifft, habe ich eine sehr strenge Regel bezüglich der Schriftarten, Satzlängen, Absatzlängen usw. Hier sind meine Richtlinien.

Schriftarten für Überschriften

Wenn ich Überschriften erstelle, verwende ich gerne Arial, Helvetica, Franklin Gothic, Eras oder Times New Roman. Es gibt einen Unterschied zwischen den Schriftarten: Es gibt Sans-Serif und Serif. Studien zeigen, dass Serif-Schriftarten ein besseres Verständnis bieten. Aber für Überschriften, die nur aus wenigen einfachen Worten bestehen, kannst du ruhig eine Sans-Serif-Schriftart verwenden. Wenn es nach mir ginge, würde ich dir empfehlen, bei Helvetica zu bleiben.

Schriftarten für Unterüberschriften

Für Unterüberschriften kannst du dieselbe Schriftart wie für die Überschrift verwenden ... nur kleiner ... nicht so fett ... und vielleicht kursiv. Wenn du nicht dieselbe Schriftart verwenden möchtest, kannst du

Times New Roman verwenden.

Schriftarten für den Fließtext

Für den Fließtext solltest du niemals eine Sans-Serif-Schriftart verwenden. Verwende immer eine Serif-Schriftart wie Times New Roman oder Courier. (Courier sollte nur in Verkaufsbriefen verwendet werden und nicht in Zeitschriften. Zeitschriften sollten immer Times New Roman verwenden.) Courier ist eine großartige Schriftart, die wie eine Schreibmaschine aussieht. Sie ist super leicht zu lesen ... aber sie nimmt mehr Platz ein als Times New Roman. Wenn du also Platz hast ... entscheide dich für Courier. Wenn nicht, ist Times New Roman in Ordnung.

Absatzüberschriften

Für Absatzüberschriften kannst du, wenn du Times New Roman für den Fließtext verwendest, dieselbe Schriftart verwenden ... nur fett. Wenn du Courier für den Fließtext verwendest und es auch für die Absatzüberschriften verwenden möchtest, solltest du es unterstreichen ... da fettgedrucktes Courier nicht sehr schön aussieht, meiner Meinung nach. Manchmal verwende ich fettgedrucktes Helvetica für meine Absatzüberschriften ... unabhängig davon, ob ich Times New Roman oder Courier für den Fließtext verwende.

Aufwendige Grafiken?

Ich möchte nicht, dass du hässliche Anzeigen und Verkaufsbriefe erstellst ... aber sie müssen auch keinen teuren Grafiker benötigen. Was bringt jemanden dazu, einen Artikel in der New York Times zu lesen? Eine gute Überschrift, die in den Fließtext hineinzieht. Grafiker wollen immer ihre Fähigkeiten zeigen, indem sie Dinge schön machen. Das ist in Ordnung. Aber sag ihnen, ihre Fähigkeiten für deine Visitenkarten und Briefköpfe zu verwenden, nicht für deine Werbung!

Wenn es um Zeitschriften geht, solltest du sicherstellen, dass deine Anzeige "zur Veröffentlichung bereit" ist. Bring deine Verkaufskopie zum Grafiker ... falls du einen verwendest ... und bring ihm ein Exemplar der Zeitschrift, in der du deine Anzeige schalten wirst. Reproduziere das redaktionelle Layout so gut wie möglich. Am Ende der Anzeige ... stelle sicher, dass du die Worte "Special Advertorial" kursiv einfügst ... vielleicht in einem blasseren Schwarz ... sodass es vorhanden ist, aber nicht zu auffällig. Auf diese Weise kannst du vermeiden, dass groß "WERBUNG" darauf steht.

Warum solltest du wollen, dass deine Anzeigen wie ein Artikel in der Zeitschrift aussehen? Nun, die Leser einer Zeitschrift vertrauen der Zeitschrift, die sie lesen. Das ist der Grund, warum sie sie kaufen ... abonnieren ... und lesen. Sie vertrauen ihr. Und Vertrauen und Glaubwürdigkeit sind einer der Hauptgründe, wenn nicht DER Hauptgrund, warum Menschen dein Produkt nicht kaufen.

Es ist erwiesen, dass "editoriale" Anzeigen von 500% mehr Menschen gelesen werden als schöne, ausgefallene und grafiklastige Anzeigen. Du bist nicht hier, um schön zu sein ... du bist hier, um Aufmerksamkeit zu erregen. Redaktionelle Formate ziehen mehr Aufmerksamkeit auf sich.

Foto

Die meisten meiner Direktmailings enthalten keine Fotos. Meine Anzeigen in Zeitschriften haben normalerweise ein Bild von einem Gesicht in der oberen rechten Ecke mit einer Bildunterschrift. Ein Foto kann in einer Zeitschrift ein großartiger Blickfang sein... aber nicht so sehr in Verkaufsschreiben.

Hier ist meine Meinung zu Produktfotos: Es sei denn, das Produkt wurde von Apple Computer entworfen... sexy wie ein Powerbook... oder ein iPod... oder ein neuer G5... würde ich kein Foto des Produkts, das Sie verkaufen, einfügen. Warum? Die Wahrscheinlichkeit ist groß, dass es nicht so gut aussieht wie das Bild, das der Leser in seiner Vorstellung davon hat.

Bildunterschriften

In Zeitschriftenanzeigen ist das Erste, was die Leute sehen, ein Bild, dann die Bildunterschrift darunter... manchmal sogar bevor sie die Überschrift lesen! Es ist entscheidend, eine fesselnde Bildunterschrift unter jedem verwendeten Foto zu haben. Die Bildunterschrift ist ein enorm wichtiger Bestandteil einer Anzeige und ich muss lachen, wenn ich eine Bildunterschrift sehe und da steht der verdammte Name des Fotografen! Eine Bildunterschrift ist das PS: in einem Verkaufsschreiben (darauf werde ich in einem späteren Kapitel eingehen).

Absatzlänge

Ich werde im nächsten Kapitel mehr darüber sprechen... aber Sie sollten Ihre Sätze nicht länger als sieben Wörter machen... und Ihre Absätze nicht länger als sieben Zeilen. Amerikaner lesen auf dem Niveau eines Fünftklässlers. Sie müssen die Sätze kurz halten... sieben Wörter oder weniger.

Coupons

Ich möchte, dass meine Anzeigen in Zeitschriften wie Artikel aussehen... ich möchte, dass meine Verkaufsschreiben wie echte Briefe aussehen. Wenn mein Angebot keine Zahlung per Scheck oder Postanweisung erfordert und ich nur Kreditkarten akzeptiere, verwende ich nie Coupons. Aber für einige Werbeaktionen, die Schecks akzeptieren, verwende ich eine Bestellkarte in Direktmailings... und bei Zeitschriftenanzeigen liegt die Entscheidung für Bestellcoupons wirklich bei Ihnen. Wenn Sie auf einen redaktionellen Look abzielen... verwenden Sie sie nicht.

KAPITEL 19

Das copywriting

Wirst du also die Herausforderung annehmen und deine Anzeige oder dein Verkaufsschreiben schreiben? Gut für dich. So habe ich es gemacht... leider wusste ich damals nicht, dass es tonnenweise Bücher gab, die schon vor langer Zeit geschrieben wurden und mir viele der Dinge hätten beibringen können, die ich selbst herausfinden musste.

Ich habe nur einige Kapitel dieses Buches dem Schreiben von Werbetexten gewidmet. Und das aus gutem Grund: Das Letzte, was die Welt brauchte, war ein weiteres Buch über Copywriting! Was die Welt brauchte, war ein Buch, das lehrt, wie man die Techniken konzipiert, organisiert und umsetzt, die notwendig sind, um Produkte und Dienstleistungen durch direkte Antwort zu verkaufen.

In diesem Kapitel werde ich mein Bestes geben, um auf das Schreiben von Texten einzugehen. Aber wenn du eine fundierte Ausbildung in der feinen Kunst des Textens möchtest, gibt es viele Bücher, die das Thema wirklich vertiefen. Einige meiner Favoriten liste ich am Ende dieses Buches auf.

Der Zusammenhang zwischen Überzeugungskraft

und Reichtum

Deine Fähigkeit, Menschen zu überzeugen, bestimmt, wie reich du sein wirst... nicht nur in diesem Geschäft, sondern in jedem Geschäft. Menschen, die besser verkaufen können, machen mehr Verkäufe und verdienen mehr Geld. Um zu verkaufen, musst du den Leuten deine Perspektive vermitteln. Sie müssen dir zustimmen. Sie müssen das Gefühl haben, dass du ihre besten Interessen im Sinn hast. Ich werde dir beibringen, wie du das machst.

Bevor wir tatsächlich mit dem Texten beginnen, hier ein großartiges Beispiel für hochkarätiges Copywriting für ein Bodybuilding-Supplement, das außergewöhnliche Ergebnisse erzielt hat:

****

Neue sensationelle Pille... getestet und klinisch bewiesen in Russland...

JEDES TRAINING GIBT DIR DIE MUSKELN VON DREI!

Stell dir vor - Jede Wiederholung... jeder Squat... jeder Press gibt dir die explosiven Ergebnisse von drei... übertrifft sogar die mächtigsten - und illegalen - Steroide! Du glaubst es nicht? Die beliebten Bodybuilding-Magazine wie Muscular Development glaubten es auch nicht... aber nachdem sie die Fakten kannten, sagen sie jetzt: "Steroids Are Obsolete!"

Lieber Freund,

Ist es wahr? Hat die moderne Wissenschaft endlich eine Pille erschaffen, die dich wie einen professionellen Bodybuilder aussehen lässt... ohne dich im Fitnessstudio zu töten?

Mein Name ist Benjamin Bergin. Ich bin kein Werbeprofi. Aber was ich dir mitteilen möchte, ist so außergewöhnlich und so mächtig, dass ich mich entschlossen habe, dir persönlich zu schreiben. Also ertrage es ein wenig.

Das Unternehmen, für das ich arbeite, MedEx Laboratories, produziert eine neue Pille, die klinisch bewiesen wurde, deine Muskelmasse um 310% zu erhöhen - ohne die üblichen 3-5 Jahre zu investieren, die ein durchschnittlicher Bodybuilder benötigt, um "massiv" zu werden.

Tatsächlich glaube ich, dass unsere neue Pille buchstäblich alle anderen synthetischen oder natürlichen Steroide auf dem Planeten obsolet macht! Ich bin so begeistert von unserer neuen Entdeckung, dass ich mich austoben muss, bevor ich EXPLODIERE!

Stell dir das einfach vor...

Ein paar leicht zu schluckende Pillen einnehmen und 3 bis 5 Jahre "Fitnessstudio-Ergebnisse" in wenigen Monaten erleben. Du wirst deine Ärmel sprengen, deine Oberkörperweite wird so zunehmen, dass du all deine Anzüge an die Heilsarmee spenden musst, weil sie dir einfach nicht mehr passen! Und was deine Beine betrifft... vergiss es. Sie werden nicht in deine Jeans passen, egal wie weit du sie trägst!

Aber das Aufregendste könnte sein, dass Frauen deinen "männlichen" Körper begehren werden... selbst wenn er derzeit wie ein "wabbeliger Käsekuchen" oder schlimmer noch, wie ein "magerer

Cupcake" aussieht! Wäre das nicht etwas?

Eine Einfache Pille Kann Das Wirklich Alles Bewirken, Ohne Stunden Im Fitnessstudio Zu Verbringen?

Schau - ich weiß, dass das, was du gerade liest, allem widerspricht, was du jemals über Muskelaufbau gedacht hast. Ich weiß, es klingt unglaublich... Am Anfang habe ich es selbst nicht geglaubt. Aber alles, was ich von dir verlange, ist, diesen Brief zu lesen und am Ende deine wohlüberlegten Schlussfolgerungen zu ziehen.

Wissenschaftler der Johns Hopkins University Entdecken, Wie Man Das GDF8-Gen (Spitzname: Schwarzenegger-Gen) Manipulieren Kann

Durch unsere Forschung haben wir das Hauptgen in deinem Körper entdeckt, das die Muskelgröße kontrolliert. Dieses Gen produziert ein Protein, das das Muskelwachstum verhindert und die Fettlagerung erhöht. Es heißt Wachstumsdifferenzierungsfaktor 8 oder kurz GDF8.

Wenn Du Hart Werden Und Muskelmasse Aufbauen Möchtest, Ist GDF8 Dein Schlimmster Feind!

GDF8 ist das einzige Protein in deinem Körper, dessen einziger Zweck es ist, dich daran zu hindern, GROSS zu werden! Jeder produziert natürlich GDF8 im Körper, und es ist der Hauptgrund, warum es nahezu unmöglich ist, dramatische Zuwächse an Muskelgröße und -leistung auf natürliche Weise zu erzielen. Denn jedes Mal, wenn du etwas tust, das

Verbesserungen anregt, stoppt dein Körper es mit einem Ausbruch von GDF8!

Wenn Du Die Produktion Von GDF8 In Deinem Körper Unterdrücken Könntest, Würden Deine Muskeln So Schnell Anschwellen, Dass Deine Freunde Schwören Würden, Du Nimmst Steroide!

Wie ich bereits sagte, haben Wissenschaftler der Johns Hopkins University herausgefunden, dass die Unterdrückung der GDF8-Produktion bei Tieren es ihnen ermöglichte, ERSTAUNLICHE Muskulositätsgrade zu erreichen! Mäuse, die wenig oder kein GDF8 produzierten, waren 300% muskulöser als normale Mäuse! Und natürlich haben die Mäuse keine Gewichte gehoben, um 300% muskulöser zu werden!

Und jetzt bringen wir diesen erstaunlichen GDF8-Suppressor auf den Markt für Menschen. Er heißt DynaBolics, und es scheint, dass jeder, der es benutzt, schwer zu glaubende Ergebnisse erzielt!

DynaBolics ist vollkommen sicher und natürlich. Sein Hauptbestandteil stammt von einer seltenen und exotischen Meeresalge, die nachweislich in der Lage ist, sich an das muskelkämpfende GDF8-Protein zu binden.

Es ist ziemlich einfach zu verstehen... Damit GDF8 seine Funktion der Muskelwachstumsbegrenzung erfüllen kann, muss es zuerst den Weg zu deinen Muskeln finden. DynaBolics ist so konzipiert, dass es sich an das GDF8-Protein bindet und es daran hindert, den Weg zu deinen Muskeln zu finden.

Wenn GDF8 deaktiviert oder reduziert ist, gibt es keine Grenzen für dein Muskelwachstum!

In Der Vergangenheit Hätten Bodybuilder Und Professionelle Athleten Alles Getan, Um An Ein So Radikales Supplement Zu Kommen... Aber Dank Der Modernen Wissenschaft Ist DynaBolics Nur Einen Anruf Entfernt!

DynaBolics bietet einen Muskelaufbauvorteil, der dem allgemeinen Publikum bisher nie zur Verfügung stand. Es ist nicht nur besser als Proteinpulver, Wachstumshormone oder Steroide... es macht sie OBRSOLET!

Schau - auch wenn du der typische "schwer zu Vergrößernde" bist oder schon GROß bist, aber das Gefühl hast, dein "Limit erreicht" zu haben, oder selbst wenn du noch nie in deinem Leben ein Gewicht gehoben hast und SCHNELL GROSS werden willst, könnte DynaBolics deinen Körper so radikal verändern, dass dich nicht einmal deine Haustiere wiedererkennen!

Nicht Nur Hat Sich Eine Reduzierung Von GDF8 Als Muskelwachstums-Explosion Erweisen... Es Hat Sich Auch Als Fettverbrenner Erweisen, Wie Butter In Einer Heißen Pfanne!

In Studien hat eine Abnahme von GDF8 zu einem Fettverlust von 35% bis 50% geführt! Das bedeutet, dass du Körperfett so schnell und furios verlieren könntest, dass deine Haut buchstäblich wie eine "Schrumpffolie" wirkt, um deine definierten Muskeln zu zeigen.

DynaBolics ist das perfekte Supplement... weißt du, die "magische" Pille, von der wir alle geträumt haben? Einige der beliebtesten Bodybuilding-Magazine scheinen das zu glauben. Aber hier ist, wie du selbst entscheiden kannst...

ERLEBE Selbst, Warum Das Magazin Muscular Development Sagt... "Steroide Sind Obsolet!"

Wenn du daran interessiert bist, DynaBolics auszuprobieren, erwartet dich eine angenehme Überraschung... anstelle des Einzelhandelspreises von 99,95 $ pro Flasche; kann deine erste 30-Tage-Versorgung von DynaBolics für nur 59,95 $ erworben werden... aber nur während dieser ungewöhnlichen Aktion. (mehr dazu später)

Ist Dir Ein Neuer, Muskulöser Und Hulk-Ähnlicher Körper 59,95 $ Wert?

Es wäre sicherlich wert, wenn du Single bist und nach der Einnahme von DynaBolics anfangen würdest, schöne Frauen anzuziehen, doppelt so schön wie deine bisherigen Liebhaberinnen. Kannst du dir das neue Sexleben vorstellen, das dich erwartet?

Es wäre sicherlich wert, wenn du jemals in eine gewalttätige Konfrontation mit einem oder mehreren Männern gerätst. Wenn deine Sicherheit auf dem Spiel steht, ist deine rohe Kraft alles, was du hast, um zu überleben. Wenn du GROSS wärst, glaubst du wirklich, dass es für andere Männer leicht wäre, dich zu schikanieren? Ich glaube nicht!

Es wäre sicherlich wert, wenn du ein Geschäftsmann wärst, besonders wenn du riskante Geschäfte verhandelst. Glaube mir - du wirst immer den Deal dominieren und den Verhandlungsraum mit allem verlassen, was du willst. Diese zu dünnen Nerds wären zu verängstigt, um dir "nein" zu sagen... Sie würden denken, du könntest ihnen mit einem deiner Kanonen auf den Kopf schlagen!

Stell dir nur vor, wie toll es wäre, wenn du 15 oder 25 Pfund mehr an hartem Muskel hättest und gleichzeitig viel schlanker wärst... Die Frauen würden dich UMGARNEN... Du würdest ANGST und EINSCHÜCHTERUNG in das Herz jedes Mannes einflößen, mit dem du in Kontakt kommst, sowohl persönlich als auch beruflich!

DynaBolics wurde entwickelt, um die Art und Weise, wie Menschen dich sehen, völlig zu verändern!

Wer Möchte Sonst Noch Eine Erstaunliche Wachstumserfahrung In Nur Wenigen Wochen Erleben?

DynaBolics könnte so schnell wirken, dass du in wenigen Wochen anfangen könntest zu bemerken, dass die Ärmel deiner Hemden und die Beine deiner Hosen enger werden und je länger du DynaBolics benutzt, desto GRÖSSER und ENORMER könntest du werden!

Ich wette, du würdest DynaBolics jahrelang weiter einnehmen wollen... Denn welcher gesunde Mensch würde aufhören, es zu nehmen? DynaBolics ist wahrscheinlich die unglaublichste Innovation, die die Bodybuilding-Welt je getroffen hat!

Sofortige Muskeln Für Couch-Potatoes?

DynaBolics ist so konzipiert, dass es sich an GDF8 bindet, das deine Muskeln klein hält. Die meisten Benutzer sind keine Bodybuilder. Aber wie bei allem im Leben, je mehr Einsatz du bringst, desto mehr Ergebnisse wirst du erleben. Wenn du gerne trainierst... werden deine Ergebnisse nur schneller sein.

Es ist möglich, in etwa 12 bis 16 Wochen eine Meisterschaftsgröße zu erreichen - statt der üblichen 3 bis 5 Jahre!

Stell dir Vor, Wie Du In Nur Wenigen Monaten Aussehen Könntest...

Woche für Woche... wirst du dich vor dem Spiegel wiederfinden, Maßband in der Hand - mit einem Lächeln im Gesicht, das einfach nicht verschwinden will. Arme, Brust und Bauch so definiert, dass du denkst, es ist nicht wirklich "dein" Körper... Du wirst dich kneifen müssen, um zu beweisen, dass es wirklich "alles deins" ist!

DynaBolics Wurde Entwickelt, Um Deine Aktuelle Kraft Zu VERDOPPELN... Deine Aktuellen Größen Zu VERDOPPELN... und Kann Deine Definition So Gut Skulptieren, Dass Du Wie Eine Griechische Statue Aussiehst!

Nimm DynaBolics 16 Wochen lang und wenn du nicht "FÜHLST", wie deine Arme wachsen... nicht

"FÜHLST", wie deine Kraft zunimmt... und nicht "SIEHST", wie das Fett zu schmelzen beginnt... sende die leeren Flaschen zurück für eine Rückerstattung des DOPPELTEN DES KAUFPREISES. Ich kann dir eine risikofreie Garantie bieten, weil ich WEIß, dass eine überwältigende Anzahl von Männern, die dieses Produkt verwenden, Ergebnisse erleben, die fast unglaublich erscheinen! Ich fordere dich heraus, uns zu sagen, dass diese Pillen dein Leben nicht verändern.

Was du jetzt tun solltest, ist, DynaBolics zu bestellen. Derzeit haben wir eine Sonderaktion, bei der du deine erste Monatsversorgung für nur 59,95 $ pro Flasche erhalten kannst. Also halte deine Kreditkarte bereit und rufe die 1-800-123-4567 an oder sende sie per Post. Die Adresse lautet 7500 West Lake Mead Blvd., Suite 9-482, Las Vegas, Nevada 89128. Die Bestände sind begrenzt, und jeder vergangene Tag ist nur ein weiterer Tag, den du warten musst, um diesen muskulösen, starken und sexy Körper zu bekommen, den du dir schon immer gewünscht hast! Und denke daran, du bekommst das DOPPELTE DEINES GELDES ZURÜCK, wenn dich DynaBolics nach 120 Tagen nicht beeindruckt.

Aber du musst dich beeilen - ich habe nur 2384 Flaschen auf Lager - das reicht für etwa 7 Tage oder so. Und zu diesem niedrigen Preis (65% Rabatt) werden sie sicherlich innerhalb einer Woche ausverkauft sein. Außerdem, um zu vermeiden, dass du den Einzelhandelspreis von 99,95 $ für zukünftige Flaschen zahlen musst (wenn du überhaupt welche bekommst, weil unser Vorrat so begrenzt ist), erhältst du die KOSTENLOSE MITGLIEDSCHAFT in unserem Preferred Customer Club - normalerweise nur für professionelle Bodybuilder reserviert, wo du 60 $ auf alle deine zukünftigen monatlichen Lieferungen sparst. Und so wirst du keinen Tag ohne DynaBolics in deinem System verbringen - selbst wenn unsere Bestände für die Allgemeinheit ausverkauft sind, wird dir eine neue 30-Tage-Versorgung GARANTIERT - automatisch versendet und du zahlst nur 39,95 $ plus 7 $ Versand und Bearbeitung. Storniere die Lieferungen jederzeit.

Danke, Benjamin Bergin für MedEx Laboratories Zur Bestellung rufe an: 1-800-123-4567

PS: Welcher Mann würde DynaBolics nicht wollen? Nur ein paar Pillen am Tag und in kürzester Zeit könntest du jene Muskeln "BESITZEN", die immer zu verdammt schwer zu bauen waren ohne unzählige Stunden im Fitnessstudio! Letztendlich... wenn du die Wirkungen von GDF8 lange genug blockierst, könntest du buchstäblich einen so enorm muskulösen Körper erreichen, der einst unmöglich zu erreichen war - aber die Zukunft ist da!

PPS: Der Wirkstoff in DynaBolics ist eine seltene Meeresalge namens Cystoseria Canariensis, die erstmals von Forschern der Universität von Las Palmas in Spanien entdeckt wurde. Die Herstellung dieses Wirkstoffs ist ohne den Einsatz einer präzise kontrollierten hydroponischen Farm unmöglich, um die idealen Wachstumsbedingungen aufrechtzuerhalten. Das bedeutet, dass nur eine kleine Menge dieses Wirkstoffs auf einmal produziert werden kann. Daher ist es am besten, jetzt zu bestellen, um sicherzustellen, dass du DynaBolics reservierst.

Sobald wir DynaBolics ausverkauft haben, sind wir gezwungen, neue Kunden abzulehnen, bis die nächste Charge verfügbar ist, was in etwa 120 Tagen sein könnte. Also, ich wiederhole, unsere Telefonnummer ist 1-800-123-4567 oder wenn du kannst, sende deine Karteninformationen per Post. Unsere Adresse lautet 7500 West Lake Mead Blvd., Suite 9-482, Las Vegas, Nevada 89128. Und vergiss nicht, dass du durch eine 120-Tage-Geld-zurück-Garantie geschützt bist, bei der du das DOPPELTE DEINES GEZAHLTEN PREISES zurückerhältst... also gibt es für dich kein Risiko! Du hast nichts zu verlieren... es ist so einfach.

PPPS: Achte darauf, die ERGEBNISSE DER KLINISCHEN STUDIE von Zakir Ramazanov, PhD, Musa Abidov, MD, und Miguel Jimenez del Rio, PhD, zu lesen. Es ist der BEWEIS, dass dies REAL ist.

****

Kann ich dir eine Frage stellen... nach dem Lesen dieses Textes, auch wenn du kein Bodybuilder bist... hat es dich ein wenig beeindruckt? Das war ein großartiges Beispiel für einen fesselnden Text. Du solltest wollen, dass alle deine Verkaufsbriefe so überzeugend klingen.

Es gibt ein paar Dinge, die ich abdecken möchte, die die "Goldenen Regeln" des Copywritings sind.

DU... Nicht WIR

Sai cosa mi fa arrabbiare? Quando ricevo lettere per Weißt du, was mich wirklich ärgert? Wenn ich Briefe von Unternehmen bekomme, die so klingen: „Wir freuen uns, Ihnen unser neues Werk vorzustellen. Wir sind stolz darauf, den besten Service, die besten Preise und die größte Auswahl zu haben. Wir betrachten unsere Kunden als sehr wichtig und behandeln sie wie eine Familie. Wir, wir, wir, wir, wir... bla bla bla... Gähnen..." - solche Briefe landen sofort im Papierkorb.

So kannst du keine Werbetexte schreiben. Den Lesern ist es egal, was du über dich und dein Unternehmen denkst oder fühlst; „Wir" ist genauso schlimm wie Schimpfwörter in deinen Verkaufsschreiben.

Der richtige Weg ist, aus der Sicht des Lesers zu schreiben. Du solltest „Du" viele Male sagen... und für jedes fünfte „Du" ist es in Ordnung, „Ich" zu sagen.

Schreib in der Ersten Person

Das ist ziemlich einfach zu verstehen. Schreib in einer einfachen Sprache, als ob du wirklich mit der Person sprechen würdest, an die du schreibst. So wie es ein Skript wäre, das du laut vorlesen müsstest... du musst in der ersten Person schreiben... so wie dieses gesamte Buch geschrieben ist... so wie der Verkaufstext geschrieben ist, den ich mit dir geteilt habe.

Dringlichkeit

Wenn du zum „Abschluss" deines Briefes kommst... willst du, dass die Leute sofort bestellen. Wenn du ihnen erlaubst, den Brief wegzulegen und später darüber nachzudenken... oder sogar später zu bestellen... besteht die Gefahr, dass sie vergessen zu bestellen! Du willst sie dazu drängen, im Moment zu bestellen... als ob sie Glück hätten, deinen Verkaufstext erhalten zu haben oder deine Anzeige rechtzeitig gesehen zu haben, um „an" diesem Angebot teilzunehmen!

Wenn du eine begrenzte Menge hast, sag es. Wenn dein Preis bald steigt... sag es... Wenn die speziellen kostenlosen Boni nur für die ersten 250 Bestellungen gelten... sag es. Aber vor allem, stelle sicher, dass es glaubwürdig ist. Gib ihnen einen Grund, warum es ein seltenes Produkt ist... und die Menge begrenzt ist... wie ich es in dem Verkaufstext gemacht habe, den ich zuvor in diesem Kapitel geteilt habe (die seltene Meeresalge namens Cystoseria Canariensis...)

Wie mache ich es glaubwürdig, dass dieser Inhaltsstoff selten ist? Es hat eine Hintergrundgeschichte. Es macht Sinn für den Leser.

Auch wenn du deine Dringlichkeitstechnik „erfinden" musst... Gary Halbert erzählte mir von einer Möbelverkaufsaktion, an der er mit einem Kunden arbeitete. Er ging tatsächlich mit seinem Kunden ins Lager und machte ein Loch in das Dach des Lagers, dann machte er eine Ankündigung, dass alle Möbel verkauft werden mussten – selbst mit Verlust, weil die Frau des Ladenbesitzers eine Lieferung im falschen Lagerhaus machen ließ. Da es in den nächsten Tagen regnen würde... und weil das Lager ein Loch im Dach hatte... musste alles verkauft werden – selbst wenn sie Geld bei der Verkauf verlieren würden... andernfalls wären die Möbel unbrauchbar! Haben sie wirklich ein Loch ins Dach gemacht? Wer weiß... aber du verstehst, was ich meine.

Die „WENN/DANN" Eröffnung

Eine bewährte Methode, einen Verkaufstext zu eröffnen, ist die „Wenn/Dann" Eröffnung. Es geht ungefähr so: „Wenn du in den nächsten 30 Tagen 19,7 Pfund an steinharten USDA Prime Muskeln aufbauen möchtest... dann wird dies der wichtigste Brief sein, den du die ganze Woche lesen wirst!"

Ich benutze verschiedene Arten von Eröffnungssätzen... aber diese Version funktioniert... ich denke, du möchtest sicher, bewährt und zuverlässig spielen... richtig?

Bildunterschriften

Wenn du ein Foto verwendest... musst du unbedingt eine Bildunterschrift unter dem Bild verwenden. In einer Zeitschriftenanzeige ist das erste, was ein Leser sieht, das Bild... das zweite, was er tut, ist die Bildunterschrift zu lesen... manchmal sogar, bevor er den verdammten Titel sieht oder liest! IMMER EINE BILDUNTERSCHRIFT UNTER EINEM FOTO VERWENDEN, WENN DU EIN FOTO VERWENDEST!

Das „P.S."

Das P.S. ist das zweitmeistgelesene Element in einem Verkaufstext. Das erste, was sie lesen, ist der Titel, dann gehen sie direkt zum P.S. Es wäre klug, das gesamte Angebot in wenigen Worten für das P.S. jedes Verkaufstextes zusammenzufassen. Stell dir vor, dass nur das P.S. gelesen wird, du musst dem Leser das gesamte Angebot übermitteln, auch wenn er den Brief nicht liest.

Die Länge des Textes

Die Textlänge kann mit dem Kleid einer Frau verglichen werden. Kurz genug, um dein Interesse zu wecken. Lang genug, um alles Wesentliche abzudecken. Normalerweise eine ganze Seite in einer Zeitschrift... vier Seiten in einem Verkaufstext... es sei denn, du verkaufst ein Produkt, das jeder bereits kennt – wie Microsoft Office-Software. Eine einfache Werbepostkarte, die einen Preisnachlass ankündigt, wird erfolgreicher sein als ein vierseitiger Brief, der erklärt, wie Microsoft es geschaffen hat.

Die 6 Teile eines Verkaufstextes oder einer Anzeige:

1. Die Headline

Die Headline ist der wichtigste Teil deines Verkaufstextes oder deiner Anzeige. Fünfmal mehr

Leute werden deinen Titel lesen als deinen Text. Ich habe gesehen, dass eine Headline die andere um 300% bis 1900% übertrifft. Gleicher Text... Gleiches Produkt... Gleicher Preis... Gleiches Medium... der einzige Unterschied war der Titel.

2. Die Grundgeschichte oder Einführung

Hier schreibst du über deine Frustration, die damit verbundenen Schmerzen, wie du sie gelöst hast, womit du sie gelöst hast und wie es funktioniert.

3. Das Angebot

Hier gehst du ins Detail, wie das Produkt dem Leser helfen kann und warum er es verwenden sollte.

4. Das genaue Angebot

Hier sprichst du über den Preis und was er im Gegenzug für sein Geld bekommt... was der Kauf umfasst... und die kostenlosen Boni... usw.

5. Die Garantie

Hier beseitigst du alle Risiken, die dein potenzieller Kunde fürchtet. Alles, was ihn denken lässt, dass er sein Geld verlieren könnte, wenn es nicht das ist, was du gesagt hast. Du musst dieses Gefühl beseitigen. Du musst ihm stark versichern, dass er kein finanzielles

Risiko eingeht, wenn er seinem Instinkt folgt und dieses Produkt per Post bestellt – von einem völlig Fremden – ohne es auch nur zu sehen!

6. Der Call to Action (CTA)

Hier sagst du ihm, wie er bestellen soll. Welche Nummern er anrufen soll... wohin er einen Scheck oder eine Zahlungsanweisung schicken soll. Und vielleicht ein kleiner Anreiz. Hier ist eine Version, die ich von einer Anzeige von Joe Karbo „kopiert" habe, die ich heute noch liebe...

„Schau - In 30 Tagen kannst du einfach nur einen Monat älter sein, oder du kannst auf dem Weg zur finanziellen Freiheit sein. Du entscheidest. Du hast nichts zu verlieren, weil du durch eine 30-Tage-Rückerstattungsgarantie des DOPPELTEN DEINES GELDES geschützt bist. Also, halte deine Kreditkarte bereit und rufe sofort 1-800-123-4567 an, bevor der begrenzte Vorrat von 327 für immer ausverkauft ist."

Ich passe diesen Abschluss fast jedem Produkt an, das ich verkaufe.

Die 5 Komponenten einer erfolgreichen Werbung oder eines Verkaufstextes

1. Aufmerksamkeit erregen

Du brauchst einen starken Blickfang für deine Werbung oder deinen Verkaufstext. Eine Killer-

Headline... ein Foto... ein auffälliges Layout, das sich nicht mit anderen Anzeigen in der Zeitschrift „vermischt".

2. Den Leuten zeigen, welchen Nutzen dein Produkt hat

Der Text wird dem potenziellen Kunden zeigen, warum es dein Produkt gibt. Warum Leute es kaufen. Was es für die Person, die es benutzt, tun wird.

3. Beweisen, dass das, was du sagst, von Nutzen ist

Es gibt Tonnen von Hilfsmitteln zur Gewichtsabnahme. Aber das, was du verkaufst, wurde klinisch nachgewiesen, um bis zu 930 Kalorien an einem Tag zu verbrennen. Das ist fast die Hälfte der täglichen Kalorienaufnahme von 2000 Kalorien einer Frau. Diese Studie muss deine Behauptungen unterstützen... sonst wird deine Aussage zum einen Ohr rein und zum anderen raus gehen.

4. Die Leute überzeugen, diesen Vorteil zu nutzen

Du musst deinem potenziellen Kunden sagen, warum er den Vorteil nutzen sollte, den dein Produkt bietet. Du hast bereits seine Aufmerksamkeit erregt. Du hast ihm bereits gesagt, was dein Produkt für seine Benutzer tun kann. Dann hast du bewiesen, dass es wahr ist. Jetzt musst du ihn überzeugen, diesen

Vorteil zu nutzen. Du kannst ihn mit einem großartigen Preis locken... einer tollen Garantie... BEIDES. Es gibt keine Grenze.

5. Einen Call to Action einfügen

Jetzt musst du den Verkauf abschließen, den Geldbeutel zücken lassen und ihn sofort anrufen lassen. Wenn du einen schwachen Abschluss hast... könnte er den Brief weglegen und mit seinem Leben weitermachen. Du musst richtig abschließen. Hier sind 4 Schritte, die ich benutze, um nach dem Geld zu fragen:

A. Erstelle ein Angebot, das niemand bei klarem Verstand ablehnen könnte.

Pack alles rein. Alle Boni, die du hinzufügen kannst. Mach es zu einem so unglaublichen Angebot, dass man ein echter Idiot wäre, es nicht zu nutzen.

B. Beseitige alle Risiken aus dem Kopf deines Kunden.

Die Leute haben Angst, ihr Geld zu verlieren. Es gibt überall Betrüger. Du bist nicht der erste Verkaufstext oder die erste Werbung, die sie in ihrem Leben lesen. Sie haben alles gesehen und gelesen. Sie wurden in der Vergangenheit betrogen. Sie wissen, dass dein Verkaufstext wahrscheinlich voller Übertreibungen ist. Versetz sie in eine Position, in der sie „denken", dass sie dich wirklich verletzen könnten, wenn sie ihr Geld zurückhaben wollten.

C. Setz ihnen ein großes, dickes Feuer unter den Hintern.

Wenn dein potenzieller Kunde zögert... hast du eine Bestellung verloren. Er muss JETZT bestellen! In diesem Moment! Ohne darüber nachzudenken! Und der Weg, dies zu erreichen, ist, ihm klarzumachen, dass er, wenn er zögert, das kostenlose Video nicht erhält... den niedrigen Preis nicht erhält... nicht einmal in der Lage sein wird, das Produkt zu bekommen.

Du siehst das die ganze Zeit in Infomercials... „Bestelle in den nächsten 14 Minuten und du erhältst das John's Quick Start Video – wo du Schritt für Schritt lernst... bla bla bla... ein Wert von $30 – kostenlos!" Offensichtlich stehen die Bestellungsoperatoren nicht mit einer Stoppuhr da... die Minuten zählen... oder warten auf die 250. Bestellung... aber es ist eine Technik, die funktioniert... solange du sicherstellst, dass sie glaubwürdig ist. Offensichtlich, wenn du dies in einem Verkaufstext oder einer Zeitschriftenanzeige schreibst, sagst du nicht „14 Minuten"... du sagst 5 Tage... die ersten 250 Personen... usw.

D. Mach es so einfach wie möglich zu bestellen.

Einige Leute machen die Dinge gerne kompliziert. Dumme Leute machen einfache Dinge kompliziert. Und intelligente Leute machen komplizierte Dinge einfach. Bestellen sollte nicht schwer sein... aber du wärst überrascht, wie viele Marketer das wirklich vermasseln.

Einfach. Eine 800er-Nummer... 24 Stunden am Tag... 7 Tage die Woche... auch wenn du eine automatische Anrufbeantwortung aktiv hast! Ein einfach auszufüllendes Bestellformular... ein einfach zu verwendendes Rückumschlag, um die Bestellkarte zu verschicken. EINFACH.

KAPITEL 20

Die Headline

In seinem Buch "Breakthrough Advertising" widmet Eugene Schwartz die gesamte erste Hälfte der Erstellung der wirkungsvollsten Headline für Ihre Werbung. Warum tat er das? Die Antwort ist einfach.

Wenn Sie eine Zeitung in die Hand nehmen und durch die Seiten blättern... ist das Einzige, was Sie dazu bringt, einen bestimmten Artikel zu lesen, die Überschrift. Wenn die Überschrift ihre Aufgabe, das passende Publikum anzuziehen, nicht erfüllt... wird die Werbung scheitern. Wissen Sie, was noch schlimmer ist als eine schlechte Überschrift? Überhaupt keine Überschrift. Die meisten Werbetreibenden verwenden entweder eine schlechte Überschrift... oder gar keine. Deshalb scheitern sie. Deshalb sagen sie: „Werbung funktioniert nicht".

Sie müssen das Rad nicht jedes Mal neu erfinden, wenn es um die Erstellung von Headlines geht. Sobald Sie besser im Verfassen von Direct-Response-Texten werden, möchten Sie vielleicht kreativere Überschriften ausprobieren... aber lassen Sie uns mit den Grundlagen beginnen. Wir werden unsere neuen Headlines an bewährten Überschriften orientieren, die sich über Jahrzehnte hinweg als erfolgreich erwiesen haben und Millionen von Produkten und Dienstleistungen verkauft haben.

Ich habe einige Richtlinien für das Erstellen von Headlines:

- Versuchen Sie, die Negativform zu vermeiden;
- Vermeiden Sie Humor um jeden Preis;
- Vermeiden Sie es, niedlich zu sein;
- Stellen Sie sicher, dass das persönliche Interesse des Lesers in der Überschrift enthalten ist;
- Betonen Sie den wertvollsten Vorteil Ihres Produkts.

Jay Abraham erzählt von einem einfachen Titelwechsel, der die Anziehungskraft einer Anzeige verdreifacht hat. Jay arbeitete als Berater für eine Finanzierungsgesellschaft für Gold und Silber. Diese Firma bot Bankfinanzierungen von 2/3 für Gold und Silber unter der Bedingung an, dass sie das physische Gold oder Silber behalten konnten. Sie schalteten große Anzeigen in den Zeitungen, und ihr Titel lautete:

"Bankfinanzierungen von 2/3 für jedes Gold und Silber"

Nun, ihre Anzeigen brachten zu diesem Zeitpunkt gerade genug ein, um die Kosten der Anzeigenschaltung zu decken... die Verkäuferprovisionen zu zahlen... und im Grunde genommen die Lichter an zu lassen. Diese Firma kontaktierte Jay, und in wenigen Minuten änderte er den Titel zu:

"Wenn Gold für 300 $ pro Unze verkauft wird, schicken Sie uns nur 100 $ und wir kaufen Ihnen so viel Gold, wie Sie wollen."

Dieser einfache Titelwechsel führte zu einem sofortigen Anstieg der Verkaufsstärke ihrer Anzeigen um 300 %. Und diese Firma hatte einen weiteren Titel für Silber...

"Wenn Silber für 6 $ pro Unze verkauft wird, schicken Sie uns nur 2 $ und wir kaufen Ihnen so viel Silber, wie Sie wollen."

Jays neue Titel sagten dasselbe aus... sie waren nur klarer formuliert und zeigten dem Leser, wie ihn die Finanzierung von 2/3 begünstigte.

Ich liste einige meiner Lieblingstitel auf. Wenn Sie Ihren eigenen Titel schreiben... setzen Sie einfach Ihr Produkt und/oder Angebot ein. Hier ein Beispiel:

Der alte, klassische Titel:

"Alle lachten, als ich mich ans Klavier setzte... Aber als ich zu spielen begann!"

Ihre neue Version:

"Alle lachten, als ich sagte, dass ich in 30 Tagen 17 Kilo abnehmen würde... Aber als sie mich vier Wochen später sahen!"

Das war nur ein schnelles, improvisiertes Beispiel... aber Ihr eigenes Produkt einzusetzen, ist auch für einen Anfänger nicht zu schwer.

Hier ist die Liste meiner Lieblingstitel, die Sie an Ihre Produkte oder Dienstleistungen anpassen können:

DER SCHLÜSSEL, UM VON MENSCHEN GEMOCHT ZU WERDEN

EIN KLEINER FEHLER, DER EINEM LANDWIRT JÄHRLICH 3.000 $ KOSTETE

TIPPS FÜR EHEFRAUEN, DEREN EHEMÄNNER KEIN GELD SPAREN – VON EINER EHEFRAU

DAS KIND, DAS ALLE HERZEN EROBERTE

ND SIE BEI EINER PARTY JEMALS SPRACHLOS?

WIE EINE NEUE ENTDECKUNG EIN BELIEBIGES MÄDCHEN SCHÖN MACHTE

WIE MAN FREUNDE GEWINNT UND MENSCHEN BEEINFLUSST

DIE LETZTEN ZWEI STUNDEN SIND DIE LÄNGSTEN – UND DAS SIND DIE ZWEI STUNDEN, DIE SIE SPAREN

WER WILL NOCH EINEN KÖRPER WIE EIN FILMSTAR?

MACHEN SIE DIESE FEHLER IM ENGLISCHEN?

WARUM EINIGE LEBENSMITTEL IN IHREM MAGEN "EXPLODIEREN"

HÄNDE, DIE NACH 24 STUNDEN SCHÖNER AUSSEHEN – ODER ICH GEBE IHNEN IHR GELD ZURÜCK

SIE KÖNNEN ÜBER GELDSORGEN LACHEN – WENN SIE DIESEM EINFACHEN PLAN FOLGEN

WARUM EINIGE MENSCHEN AN DER BÖRSE FAST IMMER GEWINNEN

WENN ÄRZTE SICH "SCHLECHT FÜHLEN", TUN SIE DAS

FÜNF HÄUFIGE HAUTPROBLEME – WELCHES MÖCHTEN SIE ÜBERWINDEN?

WIE ICH MEIN GEDÄCHTNIS AN EINEM ABEND VERBESSERTE

WIE JEDER AUTOREPARATURAUFTRAG FÜR SIE "EIN KINDERSPIEL" SEIN KANN

ES IST EINE SCHANDE, DASS SIE NICHT GUT VERDIENEN – WENN DIESE MÄNNER ES SO EINFACH TUN

SIE HABEN NOCH NIE BRIEFE GESEHEN WIE DIE, DIE HARRY UND ICH ÜBER UNSERE BIRNEN BEKOMMEN HABEN

TAUSENDE SPIELEN JETZT, ABER SIE HÄTTEN NIE GEDACHT, DASS SIE ES KÖNNTEN

GROßE NEUE ENTDECKUNG BESEITIGT KÜCHENGERÜCHE SCHNELL! – MACHT DIE LUFT ZUHAUSE "FRISCH WIE AUF DEM LAND"

MACHEN SIE DIESEN EINMINÜTIGEN TEST – VON EINER NEUEN UNGLAUBLICHEN ART RASIERCREME

WIR STELLEN VOR... DIE NEUE AUSGABE DER ENZYKLOPÄDIE, DIE LERNEN SPASS MACHT

NOCH EINMAL BESTELLEN... "EIN HÄHNCHENSALAT, BITTE"

FÜR DIE FRAU, DIE ÄLTER IST, ALS SIE AUSSIEHT

WO SIE MIT EINEM GUTEN GEBRAUCHTWAGEN HINFÄHREN KÖNNEN

ES GIBT EINE ANDERE FRAU, DIE AUF JEDEN MANN WARTET – UND SIE IST ZU KLUG, UM "MORGENATEM" ZU HABEN

WENN IHNEN 20.000 $ ZUM AUSGEBEN GEGEBEN WÜRDEN – WÄRE DAS NICHT DAS (Art des Produkts, aber nicht der Name des Produkts), DAS SIE BAUEN WÜRDEN?

"LETZTEN FREITAG... ICH WAR VERÄNGSTIGT! – MEIN CHEF HAT FAST BESCHLOSSEN, MICH ZU KÜNDIGEN"

76 GRÜNDE, WARUM ES SICH FÜR SIE GELOHNT HÄTTE, UNSERE ANZEIGE VOR EINIGEN MONATEN ZU BEANTWORTEN

ANGENOMMEN, DAS PASSIERT AM TAG IHRER HOCHZEIT

LASSEN SIE DEN FUSSPILZ SIE NICHT "AUSSCHALTEN"

WERDEN ANDERE DIREKT VOR IHNEN BEFÖRDERT?

SIND WIR EINE NATION GERINGER KULTUR?

EINE WUNDERVOLLE ZWEIJÄHRIGE REISE MIT VOLLEM GEHALT – ABER NUR MÄNNER MIT VORSTELLUNGSKRAFT KÖNNEN SIE MACHEN

WAS JEDER ÜBER DAS AKTIEN- UND

ANLEIHENGESCHÄFT WISSEN SOLLTE

GESCHÄFTE, DIE GELD SPAREN BEIM ÄLTESTEN DIAMANT-DISCOUNTHÄNDLER AMERIKAS

EHEMALIGER FRISEUR VERDIENT 8.000 $ IN VIER MONATEN ALS IMMOBILIENSPEZIALIST

Wenn Sie Anführungszeichen um einen Titel setzen, erhöht sich dessen Anziehungskraft. Nutzen Sie also Anführungszeichen, wann immer sich die Gelegenheit bietet. Die Johnson Box ist ein Rahmen um einen Titel, um ihn stärker hervorzuheben. Probieren Sie es in Ihren Verkaufsschreiben aus und sehen Sie, wie es aussieht. In Zeitschriftenanzeigen würde ich es jedoch nicht verwenden.

„HOW TO"-Titel

Wie man $2,000 pro Woche verdient... ohne das Haus zu verlassen

Wie man Freunde gewinnt und Menschen beeinflusst

Wie jedes Training so effektiv wird, als hätten Sie drei gemacht

„WHO ELSE"-Titel

Wer will noch weißere Wäsche... ohne Mühe?

Wer will noch einen Körper wie ein Filmstar?

Wer will noch einen Ferrari fahren... für $340 im Monat?

Die Zwei Mächtigsten Worte in einer Headline

GRATIS und NEU

Fragen in der Headline

Ich stelle ungern Fragen... es sei denn, ich bin mir zu 99% sicher, die gewünschte Antwort zu bekommen.

Wie viele Worte in einer Headline?

Die School of Retailing der New York University hat einen Test durchgeführt und festgestellt, dass Titel mit mehr als 10 Wörtern in der Regel mehr Produkte verkaufen als Titel mit weniger als 10 Wörtern. Grundsätzlich gibt es kein Limit. Ich habe Titel mit 3 oder 4 Wörtern gesehen, die funktioniert haben... ich habe 10 Wörter gesehen, die funktioniert haben... ich habe 17 Wörter gesehen, die funktioniert haben.

Hooks

Hooks sind eine Spezialität meines Freundes und Direct-Response-Gurus, Gary Halbert. Anstatt einer Headline... befestigt er einen Dollarschein oben an einem Verkaufsschreiben. Der Brief beginnt dann so...

"Lieber Freund,

Warum habe ich einen echten $1-Schein oben an

diesen Brief geheftet? Die Antwort ist einfach.

Was ich Ihnen schreibe, betrifft eine Menge zusätzliches Geld, das Ihr Restaurant ab heute verdienen kann... und ich dachte, ein kleiner finanzieller Anreiz würde Ihre Aufmerksamkeit erregen."

Und das Verkaufsschreiben geht dann weiter in den Verkaufsargumenten.

Hooks können fast alles sein...

- Pflaster...
- Fotos...
- Währung aus einem anderen Land...
- Eine Probe einer Anti-Falten-Creme...

So würde der "Paket"-Hook funktionieren...

"Lieber Freund,

Warum habe ich ein kleines Paket oben an diesen Brief geheftet? Die Antwort ist einfach. In diesem Paket befindet sich ein Wert von $3 unseres fortschrittlichsten 2-Minuten-Linien- und Faltenfüllers.

Wenn Sie einige feine Linien und Falten bemerkt haben... und diese geheim halten möchten, glaube ich, dass dieses Produkt Ihnen in weniger als 2 Minuten helfen kann.

Hier ist, was Sie jetzt tun sollten. Entfernen Sie das Paket von diesem Brief. Öffnen Sie es und tragen Sie einen kleinen Tropfen des klaren Serums auf Ihren Zeigefinger auf. Gehen Sie zum nächstgelegenen Spiegel und tragen Sie eine kleine Menge des Serums auf die rechte Seite Ihres Gesichts auf, wo Sie eine Falte oder eine feine Linie verbergen möchten. NICHT AUF DER LINKEN SEITE ANWENDEN!

Verlassen Sie den Spiegel.

Jetzt, bleiben Sie still und lassen Sie diese erstaunliche Formel 60 Sekunden lang trocknen.

Dann gehen Sie zurück zum Spiegel... Überraschend, oder? Falten und feine Linien verschwinden!"

Fahren Sie jetzt mit Ihrem Verkaufstext fort.

Manchmal kann ein Hook ein großer visueller Anziehungspunkt sein... sogar besser als eine lange Headline... aber das bringt andere Probleme mit sich: Wie werden Sie Tausende dieser Dinge anbringen, wenn Sie eine große Verteilung machen?

Wenn Sie $1-Scheine verwenden... haben Sie Ihre Versandkosten fast verdreifacht... sind Sie sicher, dass es sich lohnt? Sie müssen verschiedene Ideen testen, während Sie voranschreiten.

KAPITEL 21

So testen Sie

Der Test ist der Heilige Gral im Direct-Response-Geschäft. Es ist notwendig zu testen, um die effektivste Version Ihrer Verkaufsbotschaft oder der Auswahl der Medien zu finden.

Sie können Preise testen. Einmal habe ich drei verschiedene Preise für ein Softwareprogramm getestet, das ich verkauft habe. Ich habe dieselbe Adressliste verwendet... dieselben Grafiken und denselben Text. Ich habe die drei verschiedenen Verkaufsschreiben zur gleichen Zeit vom selben Postamt verschickt. Der einzige Unterschied zwischen diesen drei Angeboten zu unterschiedlichen Preisen war der Teil des Briefes, in dem der zu zahlende Preis genannt wurde. Alles andere war gleich. Ich habe diese Preise getestet: $149,95... $169,95 und $179,95. Der niedrigste Preis erhielt 30 Bestellungen. Auch der mittlere Preis erhielt 30 Bestellungen. Der höchste Preis erhielt nur 15 Bestellungen. Wenn ich die verschiedenen Preise nicht getestet hätte... und den Preis von $179,95 gewählt hätte... hätte ich eine Menge Geld auf dem Tisch gelassen, das ich hätte verdienen können, wenn ich nicht so gierig gewesen wäre.

Nun, manchmal kann der höchste Preis mehr Bestellungen bringen. Das ist ein Vorteil für Sie! Mehr Bestellungen zu einem höheren Preis. Wie könnten Sie da etwas falsch machen? Können Sie nicht. Manchmal messen Menschen die Qualität und Leistung eines Produkts an seinem Preis. Wenn dies der Fall ist, könnte ein höherer Preis erfolgreicher sein als ein niedrigerer. Manchmal, je niedriger der Preis, zu dem Sie etwas verkaufen können, desto mehr Bestellungen erhalten Sie.

Ernsthaft, wenn Sie ein Angebot haben, das funktioniert... wäre es nicht großartig, wenn Sie Ihre Bestellungen verdoppeln könnten, indem Sie einfach $10 weniger... oder $10 mehr nehmen? Natürlich wäre es das. Und deshalb müssen Sie, nachdem Sie eine Mailing-Kampagne haben, die zumindest die Verkaufsantwort ausgleicht... einen Zwei- oder Drei-Wege-Preistest durchführen. Ändern Sie einfach den Preis in den drei verschiedenen Versionen des Briefes... kodieren Sie sie irgendwie... senden Sie sie zur gleichen Zeit an dieselbe Liste... und sehen Sie, was passiert. Es ist verrückt und fast magisch... aber wenn Sie mehr Bestellungen zu einem höheren Preis erhalten... werden Sie dankbar sein, dass Sie getestet haben.

Ich habe Geschichten von Leuten gehört, die Finanz-Newsletter verkauften. Sie haben $69,95 gegen $79,95 getestet und der höhere Preis hat die Antwort verdoppelt.

Sie können Umschläge testen. Ein Umschlag kann offiziell aussehen, und ein anderer kann ein handgeschriebener persönlicher Umschlag sein.

Senden Sie gleiche Mengen und sehen Sie, welcher besser funktioniert.

Sie können Garantien testen. Manchmal erhöht eine bedingungslose GELD-ZURÜCK-GARANTIE die Antwort. Das Testen von Variablen macht uns zu Profis darin, ein absolut herausragendes Verkaufsschreiben oder eine Werbeanzeige zu finden - manchmal um 300 % oder 400 % reaktiver als das, womit wir angefangen haben.

Es gibt einige Hauptregeln, die beim Testen zu beachten sind:

- Testen Sie immer nur eine Sache gleichzeitig...
- Stellen Sie sicher, dass die Testmengen gleich sind...
- Stellen Sie sicher, dass die Testsendungen alle zur gleichen Zeit verschickt werden...
- Testen Sie nur tiefgehende Dinge wie Preise, Titel und Listen. Verschwenden Sie keine Zeit damit, blaues Papier gegen weißes Papier zu testen.

So erhalten Sie gültige Ergebnisse aus den Tests:

1. Verwenden Sie eine andere Telefonnummer und lassen Sie die Interessenten für jede Variante eine eindeutige Telefonnummer anrufen.

2. Verwenden Sie verschiedene Durchwahlnummern auf Ihrem Telefon. Haben Sie jemals Anzeigen gesehen, die sagen "Rufen Sie 1-800-000-000 an und fragen Sie

nach Durchwahl 45"? Die Durchwahlnummer ist die Art, wie sie eine Variable testen.

3. Kodieren Sie die Coupons, die die Kunden per Post senden müssen. Manchmal lasse ich das Hauptverkaufsschreiben unverändert und füge einfach Coupons für unterschiedliche Rabattbeträge ein. Der Verkaufsbrief wird sagen, dass Sie diesen Coupon beifügen sollen, um $X Rabatt auf Ihren Einkauf zu erhalten.

4. Verwenden Sie unterschiedliche Farben für die 6 3/4 Antwortumschläge. Normalerweise drucke ich die Rücksendeadresse in schwarzer Tinte auf meinen Antwortumschlägen... aber Sie können eine rote... und eine blaue und eine schwarze für einen Drei-Wege-Test drucken.

5. Lassen Sie den Anrufer nach einer bestimmten Promotionsnummer fragen. Sie können etwas in den Brief schreiben wie "Rufen Sie einfach 1-800-000-000 an und sagen Sie dem Operator, dass Sie für Promotion #23 anrufen und er..." Auch wenn der Kunde die Promotionsnummer nicht erwähnt... können Sie ihn danach fragen. Machen Sie es einfach zu finden... zum Beispiel dort, wo der Brief vom Autor unterzeichnet wurde.

6. Wenn ein Kunde Ihnen nichts geben kann, um Ihnen zu sagen, auf welches Angebot oder welche Liste er antwortet... halten Sie Ihre Versandnamen-Datenbank auf Ihrem Computer in der Nähe. Fragen Sie den

Anrufer, wie sein Name auf dem Umschlag erscheint, und suchen Sie ihn in jeder Datei. Wenn Sie zwei verschiedene Listen testen... finden Sie ihn 9 von 10 Mal, indem Sie einfach seinen Namen eingeben und die Taste "finden" drücken.

Das Tolle am Testen von Variablen in Ihren Verkaufsbemühungen... ist, dass Sie, sobald Sie den Gewinner-Titel gefunden haben... den Gewinner-Preis... dann das Gewinner-Angebot... usw. finden können.

Sie können Ihr Angebot immer weiter optimieren, und je mehr Sie testen, desto reaktiver wird es. Wenn Sie die Antwort mit einem neuen Titel um 20 % verbessern... dann um weitere 20 % mit einem besseren Angebot... dann um weitere 20 % mit einer besseren Garantie... und so weiter. Der Unterschied zwischen einem Paket, das gerade noch kostendeckend war, könnte jetzt das Dreifache seiner Werbekosten einbringen!

KAPITEL 22

Erhöhen Sie den Einkaufswert pro Kunde

Wenn ein Kunde Sie anruft und Ihr Produkt kauft, befindet er sich im "Kaufmodus"... und es ist der perfekte Zeitpunkt, um zu sehen, ob er etwas anderes von Ihnen kaufen möchte.

Lassen Sie mich Ihnen eine kleine, lustige Geschichte erzählen. Vor einigen Jahren führte ich eine groß angelegte Promotion durch, die an der Kasse ihre Attraktivität verlor. Ich erhielt immer weniger Antworten. Dies geschieht am Ende des Lebenszyklus eines Produkts.

Ich hatte Tonnen von Mitarbeitern und wollte niemanden entlassen, also musste ich Wege finden, um mehr Geld aus den Werbungen und Verkaufsschreiben zu holen, für die ich Geld ausgab. Mein durchschnittlicher Verkaufspreis pro Einheit betrug ursprünglich $69,95. Dies ist der direkte Produktpreis, den ich verkaufte, und natürlich waren die gesamten $69,95 CTO. Durch das Schreiben einiger Upselling-Skripte konnte ich den durchschnittlichen Verkaufspreis von $69,95 auf $100 erhöhen, ohne einen Cent mehr für Werbung auszugeben. So habe ich es gemacht:

Die Kunden riefen an, um einem jährlichen Club für $69,95 oder einem zweijährigen Club für $129,95 beizutreten. Wir fragten den Kunden nach seinem Namen, seiner Adresse, seiner Telefonnummer, seinen Kreditkarteninformationen und dann, ob er sich für ein oder zwei Jahre anmelden wollte.

Wenn er "zwei" sagte, war das in Ordnung... aber wenn er "eins" sagte, boten wir ihm den zweijährigen Club zu einem ermäßigten Preis von $119,95 an. Viele nahmen dieses Angebot an, nur um $10 zu sparen. Ein weiteres Jahr kostete uns nichts, dem Kunden zu geben.

Unabhängig von der Antwort gingen wir zum nächsten Upsell über. Wir fragten sie, ob sie den Mitgliedsstatus heute nutzen und eine $500-Software für nur $50 kaufen wollten. Es kostete uns nur $5. Eine große Anzahl von Leuten sagte "Ja".

Dann gingen wir zum dritten Angebot über, einem CD-ROM mit einer gesamten Enzyklopädie. Das war 1996, also war das eine unglaubliche Vorstellung... und Enzyklopädien kosteten damals mehrere Hundert, wenn nicht Tausende von Dollar. Wir verkauften sie für $40. Es kostete uns $2. Eine große Prozentsatz akzeptierte dieses Angebot.

Dann boten wir dem Kunden die Mitgliedschaft in einem anderen jährlichen Club an, in dem sie eine andere Art von Produkt zu ermäßigten Preisen kaufen konnten. Es wurde für $39,95 verkauft... es kostete uns nur ein paar Cent für einen Katalog, und viele Leute traten auch diesem Club bei.

Das waren vier Upsells. Wurden einige Kunden

verärgert? Ja. Haben viele gekauft? Oh ja... mehr als genug zusätzliche Verkäufe, um den gelegentlichen verärgerten Kunden zu verkraften.

Einige Dinge, die man beachten sollte:

- Testen Sie Ihre Upselling-Strategien und Angebote einzeln an Gruppen von 20 bis 30 Anrufen, alle mit demselben Operator, und sehen Sie, welche Angebote am stärksten sind. Dann ordnen Sie die Skripte vom besten zum schlechtesten Verkaufsergebnis.

- Sie müssen den Verkäufern eine Provision geben – sonst werden Sie keine hohe "Verkaufs"-Quote erhalten... es sei denn, Ihre Mitarbeiter mögen Sie wirklich sehr. Ich habe gesehen, wie Dinge, die sich zu 20 % verkauften, auf 80 % stiegen, wenn eine Provision hinzugefügt wurde.

- Ein weiterer Punkt ist sicherzustellen, dass Sie den Namen des Kunden, die Adresse, Telefonnummer und Kreditkarteninformationen erhalten, bevor Sie zusätzliche Produkte verkaufen. Zuerst müssen Sie das verkaufen, wofür sie angerufen haben... und dann, wenn Sie den Kunden bedrängen, ohne seine Informationen zu haben, könnte er eher auflegen. Wenn Sie seine Daten bereits haben, wird er nicht mitten in Ihrem Verkaufsgespräch auflegen.

- Und nachdem Sie ihm einige Zusatzprodukte verkauft haben, können Sie dann sagen: "Okay, Sie erhalten Ihre Bestellung in etwa 10-

14 Werktagen. Möchten Sie für $5 mehr auf Expressversand umstellen, um alles in 5 Tagen oder weniger zu erhalten?"

- Carlton Sheets berechnet $15 extra für den schnellen Versand und es dauert trotzdem eine Woche, bis es ankommt! Er verdient jährlich über 120 Millionen Dollar – diese Techniken funktionieren.

Ich würde die Zusatzverkäufe auf drei oder vier gleichzeitig beschränken. Mehr könnte die Kunden verärgern. Aber glauben Sie mir... niemand wird Ihnen sagen, dass Sie die gesamte Bestellung stornieren sollen. Das ist eine Angst, die die meisten Vermarkter haben.

Kürzlich habe ich einen 4er-Pack Zusatzverkäufe an Kunden gemacht. Die Anrufer riefen für eine Flasche Pillen für $60 an. Ich wusste, dass ich in den kommenden Monaten $180 von ihnen durch automatische Lieferungen verdienen würde... aber wir befanden uns in einer kleinen Liquiditätskrise, also bot ich 4 Flaschen für einen ganzen Monat für $139,95 plus $15 Versand und Bearbeitung an. Wir konnten 40 % bis 50 % davon zusätzlich verkaufen und dringend benötigtes Geld erhalten.

KAPITEL 23

Ansprechraten

Ich lache, wenn ich Anfänger-Marketer sagen höre: "Diese Zeitschrift hat 2 Millionen Leser, ich denke, ich kann 4 % der Leser dazu bringen, mein Produkt zu kaufen, wenn sie meine Anzeige sehen!" oder... "Wenn ich mein Verkaufsschreiben verschicke, denke ich, dass ich 20 % der Leute dazu bringen kann, von meinem Verkaufsschreiben zu kaufen!"... Wenn es nur so einfach wäre!

Hier ist der Punkt. Im Direktmarketing messe ich den Erfolg einer Promotion nicht in Prozent. Ich messe den Erfolg lieber im Verhältnis "Kosten zu Einnahmen". Zum Beispiel, wenn mich ein Brief 60 Cent kostet, um ihn zu versenden; oder $600 pro Tausend, dann möchte ich $1.200 in CTO (Cash to Order) erzielen, wenn ich 1.000 Verkaufsschreiben verschicke... oder das Doppelte meiner Kosten.

Je nach Preis Ihres Produkts kann dies eine Antwortquote von 2 % bedeuten, wenn das Produkt $60 kostet... oder 0,2 %, wenn das Produkt, das Sie verkaufen, $600 kostet. Die Antwortquote an sich bedeutet nicht viel... es ist das Vielfache Ihrer Versandkosten.

Wenn eine Zeitschriftenanzeige $2.000 kostet... und Sie $4.000 in CTO erhalten... haben Sie das Doppelte gemacht.

Sie können immer noch ein Vermögen verdienen, wenn Sie nur das zurückbekommen, was Sie ausgegeben haben, solange Sie ein starkes Back-End haben.

Sie können Millionen von Dollar verdienen, wenn Sie die anfänglichen Werbekosten verdoppeln, solange Sie ein starkes Back-End haben. Ich habe das getan.

Ich hatte eine Pille, die ich für $60 verkaufte. Ich brauchte 1 % Bestellungen aus meinen Verkaufsschreiben, um die Kosten zu decken. Ich bekam 2 %. Also verdiente ich 60 Cent an jedem Brief, den ich verschickte. Das ist gut. Aber die wirklichen Gewinne kamen, als die automatischen Lieferungen einige Monate später begannen. Ich verkaufte im Durchschnitt 4 Flaschen an jeden Kunden. Das brachte meinen Brutto-CTO auf $180. Denken Sie daran, es kostete mich nur $30 an Werbekosten, um einen neuen Kunden zu gewinnen. Das ist das Sechsfache der Kosten! Ich konnte das bei 40.000 neuen Kunden pro Monat machen... ich wurde sehr schnell reich.

Dasselbe gilt für Zeitschriften. Ich wusste, dass ich mein Geld verdoppeln konnte, wenn ich Anzeigen in Zeitschriften für $20 CPM kaufte. Diese CPM-Zahl repräsentiert die Kosten pro Tausend zahlende Leser. Wenn eine Zeitschrift tatsächlich 1 Million zahlende Leser hatte... zahlte ich dem Herausgeber gerne $20.000 für eine ganzseitige Anzeige in seiner Zeitschrift.

Wenn ich meine Anzeigen richtig kaufte... konnte ich dieses Verhältnis von sechsmal den Kosten auch bei meinen gedruckten Anzeigen beibehalten. Das habe ich getan.

So berechnen Sie die Kosten zur Kundenakquise:

Wenn Sie 1.000 Verkaufsschreiben oder 2.000 Verkaufsschreiben verschicken, messen Sie, wie viele Bestellungen Sie erhalten: Wenn Sie 40 Bestellungen durch das Verschicken von 2.000 Verkaufsschreiben erhalten, teilen Sie die Kosten für das Versenden der 2.000 Briefe durch 40 und erhalten $30.

Um 2.000 Briefe zu versenden, kostet es Sie $1.200 ($600 pro Tausend). Solange Ihr Produkt einen CTO von $30 oder mehr hat, machen Sie einen Gewinn.

Wenn Sie ein Verkaufsschreiben verschicken und die Kosten decken, sollten Sie zufrieden sein. Jetzt müssen Sie diesen Kunden weitere Angebote verkaufen! Senden Sie ihnen weiterhin Post, solange die Liste mehr Verkäufe einbringt, als es kostet, sie zu versenden.

Was Zeitschriften betrifft... wenn ich die Kosten innerhalb einer Woche nach ihrer Veröffentlichung im Kiosk wieder hereinbekomme... werde ich das Doppelte verdienen, bevor die nächste Ausgabe erscheint. Zeitschriften werden lange im Voraus gedruckt, sodass Sie nicht genug Zeit haben, um Ihre erste Ausgabe zu bewerten... da eine zweite Ausgabe erscheint, wenn Sie gerade erst Ihre 30-Tage-Ergebnisse erhalten. Wenn Sie die Kosten innerhalb der ersten Woche nach der Veröffentlichung im Kiosk wieder hereinbekommen... werden Sie das Doppelte verdienen, bevor die nächste Ausgabe erscheint.

Kundendatenbank

Ihre Kundendatei oder Kundenliste ist die Liste der Kunden, an die Sie Ihre Produkte verkauft haben. Dies ist die mächtigste Versandliste, die Sie jemals besitzen können. Keine andere Namensgruppe wird so reaktionsfreudig sein wie die Liste, die Sie selbst erstellen.

Manchmal sehe ich Marketer, die die Namen der Kunden, die bei ihnen kaufen, nicht aufbewahren. Sie sind verrückt!

Meine Kundendatei kann das Fünffache der Kosten für neue Produkte einbringen, die ich teste, während eine externe Liste nur das Einfache der Kosten einbringen würde.

Wenn Sie im Direct-Response-Geschäft clever sein wollen... müssen Sie eine Kundendatei aufbauen. Dies ist eine Goldmine für Upsells.

Die Quintessenz lautet: Wenn Sie das Doppelte der Kosten erzielen... geht es Ihnen gut. Alles darüber hinaus... und Sie können sich als König betrachten!

KAPITEL 24

Erstattungssätze

Egal wie gut Ihr Produkt oder Ihre Dienstleistung ist... Sie müssen Ihren Kunden eine Geld-zurück-Garantie anbieten... und egal wie gut Ihr Produkt oder Ihre Dienstleistung ist... einige Leute werden Ihre Garantie in Anspruch nehmen.

Nehmen Sie es nicht persönlich. Es wird immer Menschen geben... einige gerechtfertigt... und einige verrückt... die glauben, dass Ihr Unternehmen und Ihr Produkt ihnen unrecht getan haben. Ich bin sicher, dass es Leute geben wird, die dieses Buch gekauft haben und es lieben werden – wahrscheinlich 95 %. Und es wird 5 % geben, die denken, dass ich Bäume verschwende.

Ich erinnere mich, als ich 1995 mein erstes Buch veröffentlichte, "Direct Mail Trade Secrets"... erhielt ich einen Brief von einem Leser, der sein Geld zurückverlangte, weil er meinte, bessere Informationen in seiner Bibliothek gefunden zu haben.

Sie können nie alle zufriedenstellen.

Vor allem... WOLLEN SIE NICHT ALLE ZUFRIEDENSTELLEN!

Wenn Sie alle zufriedenstellen... selbst wenn Sie könnten... bedeutet das, dass Sie nicht aggressiv genug in Ihrer Werbung und in Ihren Verkaufsschreiben verkaufen.

Normalerweise können Sie mit einer Rücklaufquote von 5 % bis 7 % rechnen. Ich war an Produkten beteiligt, die eine Rücklaufquote von 10 % hatten, und wir haben trotzdem Millionen von Dollar verdient... solange Sie also nicht über 10 % zurückgeben... machen Sie wahrscheinlich einen großartigen Job beim Verkaufen... und Sie befriedigen immer noch 90 % Ihrer Kunden – das ist viel mehr, als der Präsident der Vereinigten Staaten zufriedenstellen kann.

Wenn Sie eine Rückerstattungsanfrage erhalten, stellen Sie sicher, dass Sie alle berechtigten Rückerstattungsanfragen innerhalb von 30 Tagen... oder so schnell wie möglich bearbeiten.

Wenn Sie feststellen, dass Sie viele Rückerstattungsanfragen haben, aber das Produkt weiterhin so verkaufen möchten, wie Sie es tun, weil die Resonanz so gut ist... oder weil die Leute, die das Produkt zurückgeben, nicht klug sind... hier sind einige Dinge, die Sie tun können:

Als der Gründer von Entrepreneur Magazine im Verlagsgeschäft anfing, verkaufte er "Kits" darüber, wie man bestimmte Arten von Geschäften eröffnet. Die Opportunity Seekers, Leute, die das schnelle Geld suchten, kauften diese Kits und verlangten oft ihr Geld zurück.

Da diese Kits profitabel waren, beschlossen sie, eine "bedingte Garantie" einzuführen.

Er bot an, dem Kunden das Doppelte seines Geldes zurückzuerstatten, wenn die Kits, die er verkaufte, ihn nicht dazu brachten, das gewünschte Geschäft zu eröffnen und darin erfolgreich zu sein oder was auch immer. Der Kunde musste jedoch nachweisen, dass er tatsächlich versucht hatte, etwas aus dem Kit zu machen, um das Doppelte seines Geldes zurückzubekommen... oder überhaupt eine Summe Geldes.

Sie verkauften am Ende mehr Kits, da die Garantie sehr stark war... und sie erhielten weniger Rückerstattungsanfragen, da die Kunden dem Verleger nachweisen mussten, dass sie tatsächlich etwas mit den Informationen im Kit gemacht hatten.

Es gibt viele Hindernisse, die Sie den Rückerstattungsanfragern in den Weg legen können.

Hier sind einige Beispiele, wie Sie diese Hindernisse gestalten können:

1. Einen Nachweis verlangen: Bitten Sie die Kunden, Nachweise dafür zu erbringen, dass sie das Produkt genutzt oder die im Kit enthaltenen Anweisungen befolgt haben.

2. Bedingungen setzen: Stellen Sie Bedingungen für die Rückerstattung, wie z. B. das Einreichen einer detaillierten Beschreibung der durchgeführten Schritte und der erzielten Ergebnisse.

3. Verlängerte Testphasen: Bieten Sie eine längere Testphase an, innerhalb derer die Kunden das Produkt ausgiebig testen können, bevor sie eine Rückerstattung beantragen

können.

4. Zusätzliche Anforderungen: Bitten Sie die Kunden, vor der Rückerstattung eine Umfrage oder einen Fragebogen auszufüllen, um Feedback zu geben und Verbesserungspotenziale zu identifizieren.

Fazit: Egal wie gut Ihr Produkt ist, es wird immer einige Kunden geben, die eine Rückerstattung verlangen. Dies ist ein natürlicher Teil des Geschäftsprozesses. Solange Ihre Rückerstattungsrate unter 10 % bleibt, machen Sie einen großartigen Job. Nutzen Sie Rückerstattungen als Lernchance, um Ihre Produkte und Dienstleistungen kontinuierlich zu verbessern und sicherzustellen, dass der Großteil Ihrer Kunden zufrieden ist.

KAPITEL 25

Erhöhen Sie die Antworten

Nun, da Sie Ihre Verkaufsschreiben verschickt oder Ihre Anzeige veröffentlicht haben, erhalten Sie die ersten Ergebnisse. Lassen Sie uns sehen, wie wir diese verbessern können.

Wenn Ihre Ergebnisse schlecht waren:

1. Überprüfen Sie, ob Ihre Anzeige oder Ihr Verkaufsschreiben die richtige Telefonnummer und Adresse für die Antworten der Kunden enthielt.
2. Stellen Sie sicher, dass Ihre Verkaufsschreiben tatsächlich bei Ihren potenziellen Kunden angekommen sind.
3. Vergewissern Sie sich, dass der Listenbroker Ihnen die richtige Liste geschickt hat und nicht versehentlich eine andere.

Wenn all dies überprüft wurde, versuchen Sie diese

Taktiken:

1. Senken Sie den Preis.
2. Erhöhen Sie den Preis.
3. Fügen Sie einen Bonus hinzu.
4. Fügen Sie einen teuren Bonus hinzu und erhöhen Sie den Preis.
5. Testen Sie eine andere Versandliste, da dies der Hauptgrund sein könnte, warum eine Direktmailing-Aktion gescheitert ist.
6. Wenn Sie eine Zeitschriftenanzeige geschaltet haben und diese besser abschneiden soll, rufen Sie den Herausgeber an und verhandeln Sie den Preis neu. Sagen Sie ihnen, dass Sie die Anzeige nicht jeden Monat schalten können, wenn der Preis nicht gesenkt wird. Wenn sie Sie jeden Monat in ihrer Zeitschrift behalten wollen... werden sie einen Weg finden, etwas weniger zu verdienen.
7. Testen Sie eine andere Zeitschrift, in der Sie Ihre Anzeige schalten.
8. Vielleicht ist Ihr Produkt einfach eine schlechte Idee, die niemand will. Nehmen Sie es nicht persönlich. Sie können keine Gewinner finden und keine revolutionären Produkte schaffen, wenn Sie kein Risiko eingehen. Ich probiere ständig völlig neue Produkte aus, die entweder kläglich scheitern... oder riesige nationale Erfolge werden. Wenn ich immer auf Nummer sicher gehen würde... wäre ich viel ärmer.

Das bedeutet nicht, dass Sie alles vermarkten sollen, was Ihnen in den Sinn kommt. Sie fangen gerade erst an. Halten Sie sich an bewährte Produkttypen. Und denken Sie immer daran; korrigieren Sie immer nur eine Sache gleichzeitig. Andernfalls ist der Test nutzlos.

KAPITEL 26

Call center

Wenn du endlich einen erfolgreichen Verkaufsbrief oder eine Anzeige hast, musst du entscheiden, ob du Callcenter nutzen möchtest oder nicht. Ich habe einmal ein großes Callcenter in Nebraska engagiert. Während ich durch einen der Telefonräume ging, sah ich, dass sie Anrufe für die meisten Infomercials im Fernsehen abwickelten. Sie bearbeiteten Anrufe für Carlton Sheets, Ronco, The Ab Rocker und andere. Ihre Kundenliste war beeindruckend.

Ich dachte, wenn dieses Callcenter die Bestellanrufe dieser Unternehmen bearbeiten konnte, könnten sie sicher auch unsere Anrufe bewältigen – es ging um ein pflanzliches Nahrungsergänzungsmittel, für das ich als Berater tätig war. Ich lag falsch.

Diese große Firma hatte über 10.000 Leute, die ans Telefon gingen. Natürlich werden die Mitarbeiter besser, je vertrauter sie mit dem Produkt werden. Aber wenn 10.000 Leute die Anrufe beantworten, müsste ein Vertreter 10.000 Anrufe bearbeiten, um das Produkt zu kennen. Die Vertreter dieser großen Unternehmen werden nie Experten für dein Produkt.

Wenn es sich also um ein High-Tech-Produkt oder ein Nahrungsergänzungsmittel handelt, bei dem Kunden viele Fragen haben, ist ein großes Callcenter möglicherweise nicht die beste Wahl.

Ein weiteres Problem bei Callcentern ist ihre schlechte Leistung bei Zusatzverkäufen. Wenn du deinen eigenen Mitarbeitern einen Zusatzverkauf an 40 % der Kunden abschließen lässt, schaffst du mit einem Callcenter vielleicht nur 5 %. Den Vertretern ist es einfach egal. Es klingt zu offensichtlich, dass sie ein Skript ablesen. Wieder einmal – weil sie deine Produkte nicht kennen.

Schließlich kannst du die Personen, die deine Anrufe entgegennehmen, nicht „sehen". Ich möchte mit eigenen Augen sehen, was sie gut und was sie schlecht machen. Bei großen Callcentern ist es dem Kunden nicht gestattet, die Anrufräume zu betreten.

Es gibt jedoch einige Vorteile bei der Nutzung eines Callcenters. Sie haben Vertreter, die deine Anrufe 24 Stunden am Tag, 7 Tage die Woche entgegennehmen. Du musst dir keine Sorgen machen, wer keinen Babysitter findet, wer krank ist oder wer gerade seine Mutter verloren hat. Das ist das Problem des Callcenters.

Ein weiterer Vorteil ist, dass du keinen Stundenlohn zahlen musst, unabhängig von der Anzahl der Anrufe. Wenn du die Anrufe intern entgegennimmst, musst du deine Mitarbeiter bezahlen, auch wenn sie nichts zu tun haben.

Wenn du TV-Spots sendest, ist es ziemlich teuer, 100 Telefonleitungen in deinem Gebäude zu haben. Das ist die Anzahl der Personen, die gleichzeitig anrufen, wenn ein TV-Spot ausgestrahlt wird. Wenn du ein großes Callcenter nutzt, haben sie Tausende von Leitungen. Sie können 1.000 Anrufe gleichzeitig entgegennehmen.

Dann gibt es die kleineren lokalen Callcenter, die normalerweise als Antwortdienste bekannt sind. Da sie kleiner sind, können ihre Vertreter dein Produkt und das Skript für Zusatzverkäufe gut kennen. Sie werden mehr Anrufer zum Kauf bewegen und eine höhere Quote an Zusatzverkäufen erzielen.

Auf der anderen Seite haben kleinere Callcenter oft nicht genug Kapazität. Das bedeutet, dass ein Anrufer möglicherweise in der Warteschleife bleibt, bis der vorherige Auftrag abgeschlossen ist. Viele Leute legen einfach auf, auch wenn sie eine 0800-Nummer anrufen.

Hier ist mein ehrlicher Rat: Große Callcenter sind großartig, wenn du Werbung, Briefe oder Spots machst, die die Adressen der Anrufer erfassen, um ihnen Informationen zu senden, wie z. B. einen kostenlosen Bericht oder ein Informationspaket. Sie sind nicht so gut, wenn es darum geht, etwas zu verkaufen. Und sie sind wirklich schlecht, wenn das Produkt, das du verkaufst, kompliziert ist und viele Fragen von Anrufern aufwirft.

KAPITEL 27

Telemarketing

Telemarketing findet statt, wenn ein Marketer seine potenziellen Kunden anruft und ihnen sein Angebot mündlich unterbreitet... anstatt es per Post, in einer Zeitschrift, im Fernsehen oder im Radio zu bewerben.

Persönlich mag ich Telemarketing nicht. Ich habe es einmal vor einigen Jahren mit einer Liste von kalten Interessenten versucht und die Ergebnisse waren schrecklich.

Der einzige Weg, wie Telemarketing funktionieren könnte, ist, wenn Sie ein Angebot haben und Ihre Kundenliste anrufen und es ihnen unterbreiten. Das ist in Ordnung. Zu versuchen, kalte Interessenten, die nicht Ihre Kunden sind, per Telefon zum Kauf zu bewegen, hat bei mir nie funktioniert – nie.

Aber was für mich funktioniert hat, waren ausgehende Anrufe an meine bestehenden Kunden, bei denen ich ihnen etwas im Zusammenhang mit dem Produkt oder den Produkten angeboten habe, die sie in der Vergangenheit bei mir gekauft haben.

Wahrscheinlich die tiefgreifendste Erkenntnis, die ich jemals mit Telemarketing hatte, war, als ich Nachfassanrufe bei meinen neuen Kunden machte.

KAPITEL 28

Werbung im Fernsehen

Ich erstelle 60-sekündige TV-Spots auf die gleiche Weise, wie ich 60-sekündige Radiospots erstelle. Ich schreibe ein Skript, das das Produkt so aggressiv wie möglich verkauft. Ich stelle sicher, dass eine 800er-Nummer und eine Webadresse ziemlich früh im Spot erscheinen, damit der potenzielle Kunde genügend Zeit hat, sich die Nummer zu notieren.

Was mir jetzt aufgefallen ist, ist, dass Unternehmen ein Widescreen-Format für Werbung verwenden, bei dem oben und unten im Spot schwarze Balken sind. Das ist der perfekte Platz, um eine 800er-Nummer und eine Webadresse während der gesamten 60 Sekunden des Spots anzuzeigen. Ich beziehe mich immer auf 60-sekündige Spots, weil ich nie das Gefühl hatte, dass ein 30-sekündiger Spot genug Zeit bietet, um irgendeine Art von Verkaufsarbeit zu leisten.

In einem 60-sekündigen Spot möchten Sie, dass die Telefonnummer und/oder die Webadresse mindestens 15 Sekunden vor dem Ende angezeigt werden. Ein TV-Spot ist im Grunde ein Verkaufsschreiben. Sie sind dasselbe.

Der Werbespot muss mit einer Headline oder einer

Eröffnungsaussage beginnen. Sobald Sie die Aufmerksamkeit der Zuschauer haben, gehen Sie zum Hauptteil über – aber anstatt in Absatzform, wird dieser von einem Erzähler vorgelesen.

Dann gibt es die Infomercials. Infomercials dauern 28,5 Minuten. Sie sind langformatige Werbespots, die im Wesentlichen kleine "Shows" sind, die verschiedene Produkte verkaufen. Infomercials werden normalerweise ab Mitternacht auf Kabelkanälen ausgestrahlt. Sie sind nicht so teuer, wie man denkt. Ich kenne Leute, die 2.000 - 4.000 Dollar für die gesamte halbe Stunde bezahlen.

Ein gutes Infomercial mit einem guten Produkt sollte durchschnittlich 1.000 Anrufer bringen. Die Operatoren sollten in der Lage sein, etwa die Hälfte dieser Leute zu Verkäufen zu bewegen. Ein Infomercial kann also 500 Bestellungen bringen. Wenn Sie jeden Abend eines senden... auf vier oder fünf verschiedenen Kanälen... sind das 2.000 bis 2.500 Bestellungen. Ich brachte durchschnittlich 1.500 Bestellungen pro Tag zu einem mickrigen Preis von 59,95 Dollar und hatte ein automatisches Lieferprogramm, in das jeder Kunde eingeschrieben war. Ich machte 100 Millionen Dollar pro Jahr.

TV ist mächtig. Sehr mächtig. Eine Sache, die im TV anders ist, ist, dass es etwa eine Woche dauert, bis die Spots vollständig anlaufen... es braucht ein wenig Wiederholung. (Dies gilt nicht für Printanzeigen oder Verkaufsschreiben).

Während Infomercials viele ihrer Antworten beim ersten Mal bringen, wenn sie ausgestrahlt werden.

Die Produktion des Spots oder Infomercials ist der Punkt, an dem einige große Ausgaben anfallen. Ich habe 60-sekündige Spots für 14.000 Dollar gedreht und ich habe 60-sekündige Spots für 114.000 Dollar gedreht. Die Unterschiede in den Antworten waren nicht verschieden.

Dieses Geschäft, sei es Druck... oder Post... oder im Fernsehen, hängt nicht davon ab, wie raffiniert Ihre Botschaft ist. Es spielt keine Rolle, das schönste Briefpapier oder die schönste Broschüre zu haben. Denken Sie daran, ich hatte keine Visitenkarten, bis ich 50 Millionen Dollar verdiente, und ich fühlte mich dumm, wenn Leute mich nach einer fragten.

Wenn ich die Wahl hätte, wenn ich einen kurzen Werbespot produziere, würde ich ihn von einem attraktiven Mann oder einer attraktiven Frau lesen lassen. Das ist alles.

Infomercials sind eine andere Geschichte und gehen über den Rahmen dieses Buches und sicherlich dieses Kapitels hinaus. Es gibt viele Formate für Infomercials... es gibt das Talkshow-Format, das am günstigsten zu produzieren ist und 25.000 Dollar kosten kann... dann gibt es die hochpreisigen Produktionen, die bis zu 200.000 Dollar kosten können!

KAPITEL 29

Radiowerbung

Radiowerbung ist dasselbe wie Fernsehwerbung, nur ohne die Bilder. Die Art und Weise, wie ich Radiowerbung und Fernsehwerbung erstelle, ist im Wesentlichen dieselbe... dasselbe Skript... dasselbe Angebot... dieselben Worte... alles ist gleich.

Ich mag es, wenn meine TV-Spots tatsächlich Radiospots sind, nur mit einem Bild hinzugefügt. Wenn der Zuschauer nicht vor dem Fernseher sitzt, kann er trotzdem das gesamte Angebot erhalten. Ich lache, wenn ich Fernsehwerbung ohne Stimme und nur mit Musik sehe!

Wenn Sie Radiospots schalten... ärgern Sie sich nicht über die Ergebnisse der ersten drei oder vier Tage. Radiospots brauchen ein paar Tage, um volle Wirkung zu erzielen. Sie brauchen Wiederholung, um Bestellungen zu generieren.

Wenn es um Radiospots geht, werbe ich gerne in Talkshows und nicht so sehr auf Musikstationen. Wenn ich auf bestimmten Talkshow-Stationen großen Erfolg habe, kann ich einige Musikstationen ausprobieren... aber das letzte Mal, als ich es mit Musikstationen versuchte, hatte ich keinen großen Erfolg.

Im Radio kann eine leicht zu merkende 800-Nummer hilfreich sein, damit die Zuhörer sich meine Nummer leicht merken können.

Sie sollten während der Hauptverkehrszeiten werben... das ist, wenn die meisten Zuhörer im Auto sind. Dann hören die Leute wirklich Radio... nicht so sehr bei der Arbeit oder zu Hause.

Normalerweise übernimmt die Radiostation das Einsprechen der Werbung für Sie. Sie haben bereits Persönlichkeiten mit großartigen Radiostimmen und verfügen über ein komplettes Studio zur Aufnahme. Aber wenn Sie Spots auf verschiedenen Stationen ausstrahlen möchten, wird Ihnen eine Station keine Kopie des Spots zur Ausstrahlung auf einer konkurrierenden Station geben.

Ich habe in meiner erfolgreichsten Zeit nur sehr wenig Radiowerbung gemacht... und obwohl ich effektiv war, bin ich kein so großer Experte wie im Direktmarketing und im Druckbereich. Wenn Sie also vorhaben, Radiowerbung zu schalten... könnte es klug sein, weitere Informationen zu diesem Thema in anderen Büchern oder bei Beratern zu suchen.

KAPITEL 30

Suck out

Bevor ich versuche, Ihnen zu erklären, was der "Suck Out" ist, möchte ich Ihnen zwei verschiedene Geschichten erzählen. Beide Geschichten handeln von Werbung in Zeitschriften... aber sie können auch leicht auf TV- oder Radiospots angewendet werden.

Einmal machte ich Werbung in großen Zeitschriften, um einige teure Autowachse zu verkaufen. Ich warb in den wichtigsten Automobilzeitschriften, und es lief ziemlich gut.

Beim ersten Mal, als ich die Anzeige schaltete... lief es großartig... beim zweiten Mal... lief es gut... beim dritten Mal, als ich die Anzeige schaltete... lief es recht gut... beim vierten Mal ging es gerade so auf. Jede weitere Anzeige hätte nur Geld verloren.

Ein paar Jahre später machte ich Werbung in einer Bodybuilding-Zeitschrift, die jeden Monat 150.000 bezahlte Exemplare verkaufte. Ich hatte drei Seiten Werbung in dieser Zeitschrift und sie brachten mir 1.500 Bestellungen! Das entspricht 1 % der Leser der Zeitschrift, die jedes Mal mein Produkt bestellten. Glauben Sie mir – eine so hohe Prozentzahl wird bei keinem anderen Direktmarketer jemals vorkommen. Aber das kann nicht für immer so weitergehen. Wenn ich jeden Monat diese 1 % Rücklaufquote erzielen würde, hätte ich nach einem Jahr 12 % der Zeitschriftenleser als Kunden. Das ist praktisch unmöglich.

Nach fünf oder sechs Monaten Werbung in dieser Bodybuilding-Zeitschrift brachte mir die Anzeige, die mir ursprünglich 1.500 Bestellungen einbrachte, jetzt nur noch 250 Bestellungen. Was war passiert? Meine Werbung war zu gut. Was passierte, war, dass die Zeitschrift nur eine bestimmte Menge an "neuen" Lesern pro Monat lieferte... und meine Anzeigen in der Zeitschrift mehr Bestellungen brachten, als neue Kunden generiert wurden.

Mit anderen Worten, meine Anzeigen liefen großartig für einige Monate... aber sobald ich alle interessierten Käufer "aufgesaugt" hatte... und die Zeitschrift nicht schnell genug neue Leser lieferte, wurden meine Anzeigen bald nutzlos.

Gary Halbert sagt dasselbe. Er erstellte Anzeigen, die so kraftvoll waren, dass sie nur ein- oder zweimal funktionierten. Natürlich funktionierten sie großartig ein- oder zweimal... aber sie saugten jeden potenziellen Kunden in ein oder zwei Anzeigen ab, was kein negatives Problem darstellt.

Das passiert besonders, wenn man große Anzeigen auf mehreren Seiten schaltet. Natürlich kann eine 1/8-Seiten-Anzeige, wenn sie in einer großen Zeitschrift profitabel ist, für immer Bestellungen bringen und nie ihre Kraft verlieren. Schließlich saugt eine kleine Anzeige wie diese nicht so viele neue Leser auf, wie die Zeitschrift generiert.

Offensichtlich, wenn Sie denken, dass es Ihnen nichts ausmacht, jahrelang konstante Bestellungen mit kleinen Anzeigen zu erhalten, anstatt größere Anzeigen zu schalten, die zu schnell "aussaugen"... könnten Sie von einem größeren Konkurrenten überholt werden, der größere Anzeigen auf einer ganzen Seite schaltet und all Ihre Gewinne stiehlt... oder Sie sogar aus dem Markt drängt.

Aber andererseits, wenn Sie eine erfolgreiche Anzeige haben und ganzseitige und mehrseitige Anzeigen schalten, könnten Sie wie verrückt Bestellungen erhalten und groß verdienen... nur um Ihre Anzeige nach drei oder vier Schaltungen auszubrennen.

Offensichtlich, wenn Sie mich fragen würden, was Sie tun sollten – ob Sie kleinere Anzeigen schalten sollten, die länger halten, oder größere Anzeigen, die schneller erschöpft sind... würde ich Ihnen sagen, größere Anzeigen zu schalten.

Was tun, wenn Ihre Anzeige anfängt, ihre magnetische Anziehungskraft zu verlieren:

1. Erstens, Sie können Ihre Hauptanzeige einige Monate lang schalten, und sobald sie zu schwächeln beginnt, können Sie eine alternative Anzeige schalten, die versucht, aus einer anderen Perspektive zu verkaufen, um andere Kunden anzusprechen. Wenn Sie diese neue Anzeige mit einer neuen Perspektive erstellen, stellen Sie sicher, dass Sie nicht zu viel von Ihrer ersten Anzeige kopieren.

2. Nun, schalten Sie diese neue Anzeige mit einer neuen Perspektive, und sie sollte neue

Kunden anziehen, die von anderen Aussagen und Wünschen angezogen werden. Schalten Sie diese Anzeige für einen Monat; schalten Sie Ihre erste Anzeige im nächsten Monat und so weiter. Oder Sie schalten Ihre erste Anzeige, bis sie nicht mehr zieht, dann schalten Sie die zweite Anzeige, bis sie nicht mehr zieht, und kehren dann zur ersten Anzeige zurück. Wenn die Antwort wiederhergestellt ist, großartig. Wenn nicht... müssen Sie eine dritte Anzeige mit einer anderen Perspektive erstellen. Wenn Sie damit durchkommen und Ihr Produkt weiterhin mit neuen Anzeigen aufladen können, sind Sie in einer fantastischen Position.

3. Die andere Möglichkeit, anstatt Ihre Anzeige jeden Monat zu schalten (was ich Ihnen empfehle, wenn Sie einen Gewinner haben), besteht darin, Ihre Anzeige jeden zweiten Monat zu schalten.

Offensichtlich, wenn Sie Radiospots, TV-Spots oder Infomercials schalten und die Antwort nachlässt... müssen die Techniken in diesem Kapitel auf die gleiche Weise verwendet werden – erstellen Sie die Werbespots mit einer neuen Perspektive, um neue Kunden anzusprechen... oder schalten Sie sie seltener, in der Hoffnung, dass in der Zwischenzeit neue Interessenten heranwachsen, sodass Sie, wenn Sie zurückkehren, sie alle erneut einsammeln, bis sie alle weg sind. Dann wiederholen Sie es... immer wieder...

Es gibt andere Möglichkeiten, die Verkäufe einer alten oder abgenutzten Anzeige zu steigern... siehe das vorherige Kapitel, das darüber spricht, wie Sie Ihre Antwort verbessern können, indem Sie Ihr Angebot verbessern. Vielleicht können Sie eine neue Anzeige mit einem Bonus machen... oder einem Geschenk... oder indem Sie einige Upsells hinzufügen... oder Ihr Back-End erweitern.

Was ein Marketer tut, wenn seine Anzeigen nicht mehr so ziehen wie früher, zeigt seinen wahren Charakter. Sie müssen innovativ sein. Sie müssen die Antwort wieder dorthin bringen, wo sie war. In diesem Geschäft wachsen Sie entweder oder Sie sterben.

KAPITEL 31

Mitarbeiter

Sobald Ihr Unternehmen wächst, werden Sie einige Mitarbeiter benötigen. Möglicherweise benötigen Sie sofortige Hilfe... direkt nachdem Sie positive Ergebnisse aus Ihren Tests erhalten haben.

Das erste, was ich Ihnen sagen würde, ist, zuerst einige Familienmitglieder zu finden, die Ihnen helfen können. Ich bin sicher, Sie sind nervös bei dem Gedanken, so schnell einen Fremden einzustellen und der "Chef" von jemandem zu werden. Und ein weiterer Punkt ist, dass Sie wahrscheinlich noch kein Büro mieten möchten. Es wäre ein bisschen unangenehm, wenn Fremde in Ihrer Küche mit Ihnen arbeiten würden.

Als ich 1994 in diesem Geschäft anfing, war mein Onkel ein Partner von mir. Wir haben unsere Anrufe selbst entgegengenommen, unsere Produkte selbst versendet, im Grunde alles selbst gemacht. Es war einfach, weil wir damals in diesem Geschäft noch nicht so gut waren, also blieb das Unternehmen klein.

1995 sind wir in unseren ersten Bürokomplex umgezogen. Hier ist alles, was ich in 10 Jahren über Mitarbeiter gelernt habe... über 500 Leute eingestellt und entlassen.

Bleiben Sie professionell

Ich meine nicht, dass Sie ein Roboter sein sollen. Aber versuchen Sie, die Trennung zwischen Mitarbeiter und Arbeitgeber aufrechtzuerhalten. Gehen Sie nicht mit ihnen aus. Sie können nicht Ihre Freunde außerhalb des Büros sein.

Ich erinnere mich an einen Typen namens Tom, der für mich arbeitete. An den Wochenenden ging ich mit Tom in Clubs. Ich habe ihm immer gesagt, dass ich ihn entlassen würde, wenn er im Büro Probleme verursachen oder mich jemals in Verlegenheit bringen würde, und das verstand er. Es ging gut, bis er einmal zu spät kam und, wie ich glaube, vor einem hübschen Mädchen, das neben ihm saß, angeben wollte. Sie sagte: "Bist du wieder zu spät? Du wirst gefeuert!" und er sagte: "Ich bin ein Freund des Chefs, ich kann es mir leisten, zu spät zu kommen." Jetzt brachte mich das in eine sehr kompromittierende Lage. Sein Kommentar verbreitete sich innerhalb weniger Stunden. Alle beobachteten, was ich tun würde. Wenn ich ihn behalten hätte, hätte mich niemand respektiert und das Büro wäre langsam ins Chaos verfallen. Aber wenn ich ihn entlassen würde, könnte ich einen Freund verlieren... und selbst wenn wir noch ausgegangen wären... wäre es nie dasselbe gewesen. Ich habe ihn entlassen und obwohl wir noch ausgegangen sind, war es nie dasselbe und er fragte mich immer wieder, ob er zurückkommen könnte. Ich habe ihn nie wieder eingestellt.

Denken Sie daran: Es gibt eine Trennung zwischen Ihnen und Ihren Mitarbeitern. Behandeln Sie sie professionell und sie werden professionell sein. Seien Sie freundlich und sie werden freundlich sein, was in Ordnung ist... aber wenn Sie zu vertraut werden... werden sie vertraut... und wenn Sie dann wieder in den professionellen Modus wechseln müssen... werden sie dazu nicht in der Lage sein. Sobald die Trennung aufgehoben ist... wird sie nie wieder hergestellt.

Prahlen Sie nicht

Natürlich ist es schwer, nicht zu prahlen, wenn man erfolgreich ist. Ich kam einmal mit meiner Diamant-Rolex ins Büro und fuhr meinen Rolls Royce – das war ein Fehler. Die Leute, die für Sie arbeiten, können sehr eifersüchtig werden. Eifersüchtige Mitarbeiter sind ein Krebsgeschwür und beeinflussen die gesamte Belegschaft.

Die Leute, die für Sie arbeiten, sind oft in der Arbeit, die sie tun, gefangen. Sie sind dort, um Ihre Bestellungen zu bearbeiten oder Ihre Kundenserviceanrufe entgegenzunehmen oder Ihre Bestellungen zu versenden. Sie denken, dass alles Ihnen gehört. Sie denken, dass, wenn Sie 300 Bestellungen pro Tag zu je 100 Dollar erhalten... alle 30.000 Dollar Ihnen gehören und Sie in irgendeiner Villa sitzen und Zigarren mit diesen Hunderten anzünden. Glauben Sie mir, sie freuen sich nicht für Sie. Sie sind froh, einen Job zu haben, um ihre Rechnungen zu bezahlen. Und wenn Sie sie jemals entlassen, werden sie sich nur daran erinnern, wie reich Sie sind und wie sie Sie zerstören können.

Lassen Sie sie Geheimhaltungs- und Wettbewerbsverbote unterschreiben

Das ist notwendig, wenn Sie ein Produkt haben, das kopiert werden kann oder wenn Mitarbeiter Informationen sehen, die sie stehlen und ihr eigenes Geschäft starten (oder zu einem Konkurrenten bringen) könnten. Normalerweise lasse ich alle Mitarbeiter einen Vertrag unterschreiben, der besagt, dass sie für eine bestimmte Anzahl von Jahren nach ihrer Kündigung oder dem Scheitern des Unternehmens kein Geschäft betreiben oder für ein Geschäft arbeiten dürfen, das ein verwandtes Produkt anbietet.

Ich hatte einen Mitarbeiter, der kündigte, und sein Freund arbeitete noch für mich. Sein Freund machte eines Nachts Überstunden und kopierte unsere gesamte Kundendatenbank. Sie stahlen 500.000 Kunden und wir erfuhren es nur, weil unsere Kunden uns anriefen und fragten, warum wir ihre Namen an ein Konkurrenzunternehmen verkauft hatten. Als wir den Kunden baten, uns eine Kopie des Verkaufsmaterials zu schicken, das sie erhalten hatten, konnten wir es auf die ehemaligen Mitarbeiter zurückführen! Der Verkaufsbrief wies auf eine Adresse hin, die in der Nähe unseres Büros lag, also setzte ich jemanden in den Mail Boxes Etc. und ließ ihn beobachten, ob ehemalige Mitarbeiter dort hineingingen... und tatsächlich... derjenige, der gekündigt hatte, ging hinein und holte seine Post ab! Wir entließen sofort seinen Freund und ließen alle Mitarbeiter Geheimhaltungs- und Wettbewerbsverbotsklauseln unterschreiben.

Entlassen Sie sofort das Krebsgeschwür

Wenn Sie einen schlechten Mitarbeiter haben, ist das wie ein Krebsgeschwür. Und wenn ein Körper Krebs hat, was machen wir? Wir schneiden ihn heraus, bevor er sich ausbreitet und wenn wir ihn zu lange unbeaufsichtigt lassen, sind wir tot.

Was macht Ihr Unternehmen da anders?

Einmal musste ich eine ganze Nachtschicht entlassen. Der Supervisor war mit allen Arbeitern befreundet, bevor er für uns arbeitete. Er hielt es geheim. Als wir drei oder vier der Arbeiter entließen... hatte der ganze Raum eine negative Einstellung, weil sie alle Freunde waren, einschließlich des Supervisors. Ich musste buchstäblich 9 von 10 Personen in dieser Nachtschicht entlassen und alle neu einstellen.

Wenn Sie das Krebsgeschwür weiter für sich arbeiten lassen, wird es Ihnen im Laufe der Zeit enorme Probleme bereiten. Es wird darauf warten, dass Sie einen Fehler machen, und sobald es etwas gegen Sie hat... sind Sie fertig.

Ich erinnere mich, dass ich eine Frau hatte, die um zusätzliche Arbeitsstunden bat, weil sie Geld brauchte. Unser Unternehmen bot keine Überstunden an, weil ich sie mehr als den normalen

Stundensatz bezahlen müsste. Sie sagte weiter, dass sie nur den normalen Stundensatz akzeptieren würde. Schließlich gaben wir ihr die zusätzlichen Stunden zu ihrem Grundgehalt.

Einige Monate vergingen und diese Frau wurde zu einem Krebsgeschwür. Sie musste unter Drogen stehen. Ihre Leistung wurde schlechter. Und als sie schließlich entlassen wurde, zeigte sie sich rachsüchtig und wandte sich ans Arbeitsamt, um sich zu beschweren, dass sie über 40 Stunden gearbeitet hatte, ohne jemals Überstunden bezahlt zu bekommen. Alle diese Stunden, die wir ihr aus reiner Freundlichkeit gegeben hatten, kosteten uns 2.000 Dollar extra.

Bevorzugen Sie niemanden!

Wir hatten einen ziemlich großen Versandbereich. Vierzehn Mitarbeiter waren nur damit beschäftigt, Bestellungen an Kunden zu versenden. Wir versendeten 7.000 Bestellungen pro Tag. Wir kamen in Rückstand. Aus irgendeinem Grund schafften sie es nicht, die Bestellungen an einem Tag rauszuschicken. Und ich wusste, dass das Unsinn war, weil ich wusste, dass eine Person leicht 1.000 Bestellungen pro Tag rausschicken konnte. Vierzehn Leute sollten in der Lage sein, 14.000 Bestellungen zu versenden... aber sie schafften es nicht einmal, 7.000 rauszuschicken... Was war los?

Nun, es stellte sich heraus, dass mein Partner eine Vorliebe für einen der Versandmitarbeiter hatte. Er ließ ihn persönliche Aufgaben für sich erledigen... wie in die Apotheke gehen... Weihnachtsbäume bei sich zu Hause und im Büro aufstellen... usw. Er war eindeutig bevorzugt.

Was die Sache noch schlimmer machte, war, dass dieser Typ damit vor seinen Kollegen angab. Wenn mein Partner ihn in die Apotheke schickte, gab er ihm seine Kreditkarte zum Bezahlen. Nun, dieser Typ ging zu all seinen Kollegen und zeigte ihnen die Kreditkarte und sagte, dass mein Partner ihm tatsächlich eine Kreditkarte gegeben hatte und er kaufen konnte, was immer er wollte. Natürlich sahen die Arbeiter den Namen auf der Kreditkarte und wurden eifersüchtig.

Die Leistung der gesamten Abteilung litt darunter. Wir kamen immer weiter mit den Sendungen in Rückstand. Ich wollte diesen Typen entlassen, aber er war ein Freund meines Partners. Es war einfach ein Desaster. Also, bevorzugen Sie niemanden – nicht einmal Ihre Freundin, wenn sie für Sie arbeitet.

Überprüfen Sie die Referenzen

Wir mussten so schnell Leute einstellen, dass wir nicht immer ihre Referenzen überprüfen konnten. Sie müssen das tun. Die meisten Referenzen von denen, die sich als schlechte Mitarbeiter herausstellten, waren gefälscht. Und ein einfacher Anruf bei den Referenzen hätte geholfen, bevor man einen Faulpelz einstellt. Ich wollte sogar meine neuen Mitarbeiter Drogentests unterziehen... aber es gab so viele Drogenabhängige, dass wir nicht genug Mitarbeiter gehabt hätten.

Vermeiden Sie es, Freunde und Familienmitglieder einzustellen

Ich meine das auf zwei verschiedene Arten. Erstens, ich habe keine Probleme damit, Familienmitglieder einzustellen. Manchmal sind sie die einzigen Leute, denen Sie vertrauen können, und Sie können sie beschimpfen, wenn sie etwas falsch machen, ohne sich Sorgen machen zu müssen, dass sie Sie verklagen.

Ich rate davon ab, Ihre persönlichen Freunde einzustellen, weil deren Beschäftigung möglicherweise nur ein paar Monate dauert... und dann werden sie nicht mehr Ihr Freund sein. Glauben Sie mir.

Was ich meine, ist, keine Freunde oder Familienangehörigen Ihrer Mitarbeiter einzustellen. Wenn Sie Jim eingestellt haben und Jim ein guter Arbeiter ist und möchte, dass Sie Jack, seinen Bruder, einstellen... aber Jack erweist sich als schrecklich und Sie feuern ihn, wird Jim Sie hassen. Machen Sie es von Anfang an klar. WIR STELLEN KEINE FREUNDE ODER VERWANDTEN AKTUELLER MITARBEITER EIN!

Sprechen Sie nie über persönliche oder wichtige Angelegenheiten vor ihnen

Ich erinnere mich an eine Zeit, als ich ein Problem

mit einem Zahlungsabwickler hatte und sie uns den Service einstellten. Mein Partner und ich sprachen zu laut darüber und die Sache drang zu den Arbeitern durch. Auch wenn es für uns kein großes Problem war, wir bekamen innerhalb ein oder zwei Tagen einen neuen Abwickler; die Mitarbeiter waren in Panik. Diese Panik übertrug sich auf ihre Stimmen, als wir für einige Tage weniger Bestellungen erhielten und die Upsell-Quoten viel niedriger waren. Normale Arbeiter dürfen keine Kenntnis von Hauptgeschäftsnachrichten und -fragen haben. Sie können das nicht handhaben. Und sie sollten nichts außerhalb ihres Arbeitsbereichs wissen. Sie sind eingestellt, um Bestellanrufe entgegenzunehmen – das ist alles, was sie wissen sollten.

Lassen Sie sie glauben, dass Sie arm oder knapp bei Kasse sind

Ich möchte nie, dass meine Mitarbeiter denken, dass ich reich bin. Ich möchte, dass sie denken, dass ich ein harter Arbeiter bin und so hart arbeite, dass sie mich niemals beneiden würden. Sie bevorzugen es natürlich, auf Stundenbasis zu arbeiten und auf Stundenbasis bezahlt zu werden, weil sie nach 17 Uhr nicht mehr an die Arbeit denken müssen, bis zum nächsten Morgen.

Wenn ein Mitarbeiter jemals einen Kommentar zu Ihrem Reichtum macht, stellen Sie sicher, dass Sie ihn herunterspielen. Stellen Sie sicher, dass Sie so etwas sagen wie: "Ja, nachdem ich meine Investoren bezahlt habe, bleibt mir weniger übrig, als Sie in einer Woche verdienen." oder so etwas. Wenn sie sagen:

"Wow, was für ein schöner Mercedes.", sagen Sie etwas wie: "Ja, aber die Leasingrate ist höher als meine Miete!" oder so etwas wie: "Ich wohne in einer Bruchbude, damit ich ein anständiges Auto haben kann."

Respektieren Sie Ihr Produkt oder Ihre Dienstleistung – wenn Sie das nicht tun, werden sie es auch nicht tun

Stellen Sie sicher, dass Sie niemals schlecht über Ihre Produkte oder Dienstleistungen vor Ihren Mitarbeitern sprechen. Selbst wenn Sie denken, dass das Produkt schlecht ist, behalten Sie es für sich. Sobald sie hören, dass Sie Ihr Produkt schlechtreden, werden sie denken, dass es in Ordnung ist, weniger darüber zu denken. Wenn sie Ihre Bestellanrufe entgegennehmen, wird dies den Anrufern auffallen und Sie werden immer weniger Bestellungen erhalten. Ihr Produkt ist das Beste für den Preis, den Sie verlangen.

Überwachen Sie Ihre telefonischen Bestellungen

Ich erinnere mich, dass ich ein Produkt auf einer automatischen Versandbasis verkaufte. Ich überprüfte die Bestellungen vom Vortag und bemerkte, dass ein großer Prozentsatz der Kunden nicht in den Auto-Lieferclub aufgenommen wurde. Bei genauerer Betrachtung stellte ich fest, dass alle

Bestellungen ohne Auto-Lieferung von unseren TV-Spots stammten. Ich rief den Supervisor dieser Abteilung an und fragte ihn, warum seine Abteilung Schwierigkeiten hatte, die TV-Anrufer im Auto-Lieferpaket zu halten.

Nun, dies war der neue Supervisor und das neue Team, das ich eingestellt hatte, nachdem ich, wie einige Seiten zuvor erwähnt, aufgeräumt hatte. Es stellte sich heraus, dass der Büro-Manager, der ihn eingearbeitet hatte, vergessen hatte, ihm ein Skript zu zeigen, das den Leuten vorgelesen werden sollte, die Bestellungen von unserem TV-Spot aufgaben. Dieses Skript war das Auto-Liefer-Skript. Er wusste nichts davon, also ließ er seine Mitarbeiter es nicht lesen.

Es war die Schuld des Büro-Managers. Wenn ich nicht darauf geachtet hätte, nicht nur wie viele Bestellungen am Vortag eingegangen waren… sondern auch, wie viele davon aus jeder Quelle stammten und wie viele sich gegen automatische Lieferungen entschieden hatten… hätte ich diesen teuren Fehler nie entdeckt.

Stellen Sie immer sicher, dass Ihre Bestellannahme-Mitarbeiter ihre Skripte korrekt lesen und überwachen Sie alles, was sie tun.

Mitarbeiter können eine sehr notwendige Ressource sein, solange Sie wissen, wie Sie sie richtig ausbilden und in Schach halten. Sie sind in gewisser Weise wie wilde Tiere. Wenn Sie ein schlechter Trainer sind, werden sie wild und ruinieren den ganzen Ort. Wenn Sie eine freundliche, aber feste Hand haben… und die Menschen gut behandeln… und versuchen, kein Mistkerl zu sein… werden sie hart für Sie arbeiten.

Wenn Sie sie schlecht behandeln. Wenn Sie sie unfair behandeln. Wenn Sie sie eifersüchtig machen... werden sie jeden Weg suchen, um Ihr Unternehmen zu Fall zu bringen.

Deshalb wenden sich viele Unternehmer an Callcenter, um diesen Ärger nicht zu haben. Diese Unternehmer versenden ihre Produkte über Versandhäuser, sodass sie keine Versandabteilungen benötigen.

Auch wenn dies in der Theorie schön ist, werden die Qualität Ihrer Antwort und der Qualität Ihres Kundenservice darunter leiden.

KAPITEL 32

Die 3 Wege zu wachsen

Ich werde mir die Ehre für dieses Kapitel nicht anmaßen. Mein Mentor Jay Abraham hat es so brillant erklärt: Es gibt nur drei und genau drei Wege, um jedes Unternehmen zu vergrößern:

1. Sie können mehr neue Kunden gewinnen.
2. Sie können dafür sorgen, dass die Kunden zu einem höheren Preis kaufen.
3. Sie können dafür sorgen, dass die Kunden häufiger kaufen.

Das ist alles! Versuchen Sie, sich einen anderen Weg auszudenken, so sehr Sie auch wollen... Sie werden keinen anderen finden.

Schauen wir uns einige Möglichkeiten an, wie Sie mehr neue Kunden dazu bringen können, Ihr Produkt oder Ihre Dienstleistung zu kaufen.

Empfehlungsprogramme

Sie können Empfehlungsprogramme einführen, bei denen Ihre bestehenden Kunden neue Kunden an Sie verweisen und dafür einen Bonus erhalten. Alles, was sie tun müssen, ist, ihren Freund dazu zu bringen, diese spezielle 800-Nummer anzurufen, um zu bestellen. Wenn der Kunde anruft, um eine Bestellung aufzugeben, fragen Sie, wer ihn auf Sie aufmerksam gemacht hat. Notieren Sie es und senden Sie dem Empfehlungsgeber die 30 Dollar oder was auch immer Sie ihm versprochen haben.

Kunden zu Break-even-Kosten gewinnen und im Back-End verdienen

Vor einigen Jahren verkaufte ich eine Pille, die auf einigen Listen profitabel war und auf größeren Listen break-even lief. Natürlich hätte ich mit kleineren Listen ordentlich Geld verdienen können, aber das reine Volumen, das ich brauchte, war das der Break-even-Listen. Da ich wusste, dass die Kunden im Back-End eine bestimmte Anzahl von Käufen tätigen würden, konnte ich diese neuen Kunden zu Break-even-Kosten gewinnen und darauf zählen, dass sie später viel mehr bei mir kaufen würden.

Käufe durch Geld-zurück-Garantien sichern

Ich habe Ihnen bereits mehrmals in diesem Buch gesagt, dass Sie im Direktmarketing nichts verkaufen können, ohne dem Kunden eine Geld-zurück-Garantie zu bieten. Es ist der Industriestandard, und die Menschen erwarten heutzutage eine Art Zufriedenheitsversprechen. Wenn Sie nach einer

Möglichkeit suchen, die Gewinnung neuer Kunden zu erhöhen, ist dies eine Methode, die helfen kann.

Gastfreundschaftsbeziehungen

Ich habe in einem früheren Kapitel darüber gesprochen. Eine Gastfreundschaftsbeziehung ist, wenn andere Unternehmen ihre Kunden in Ihrem Namen ansprechen und die Einnahmen teilen. Angenommen, Sie besitzen ein Filmunternehmen und kennen jemanden, der ein Kameraunternehmen besitzt. Sie können eine Vereinbarung treffen, bei der er seine Kunden anspricht und ihnen erzählt, wie großartig Ihr Filmunternehmen ist.

Da seine Kunden Filme benötigen, weil sie Kamerakunden sind, sollte die Antwortquote hervorragend sein. Normalerweise würden Sie in solchen Fällen die Versand- und Druckkosten übernehmen und wahrscheinlich die Gewinne 50/50 teilen. Nichts ist in Stein gemeißelt... Sie können diese Vereinbarung nach Belieben anpassen.

Werbung in Zeitschriften, TV, Radio

Wenn Sie nur Verkaufsschreiben versenden und diese profitabel sind, sollten Sie vielleicht in Erwägung ziehen, einige Anzeigen zu schalten... oder Radiospots oder Fernsehspots zu schalten. Vielleicht sogar ein Infomercial!

Direktmailing

Wie oben... wenn Sie in Zeitschriften, im Fernsehen oder Radio werben, können Sie die Anzahl der neuen Kunden durch Direktmailing erhöhen.

Den wahrgenommenen Wert Ihres Produkts durch Bildung erhöhen

Ich bin es so leid, diese Geschichte zu erzählen, weil jeder Direktmarketer sie erzählt. Aber das Beispiel ist so mächtig, dass ich Ihnen die Geschichte erzählen werde. Vor vielen Jahren wurde der Werbepionier Claude Hopkins von Schlitz-Bier engagiert, um deren Verkäufe zu steigern. Wir sprechen von den 1920er Jahren. Claude Hopkins besuchte die Schlitz-Brauerei und sah einige bemerkenswerte Dinge. Erstens mussten die Flaschen mehrmals gedämpft werden, bevor das Bier hineingefüllt wurde. Sie hatten verschiedene Techniken, die sie anwenden mussten, bevor ihr Bier abgefüllt wurde. Claude fragte den Braumeister, warum sie all diese Schritte nicht in ihrer Werbung erwähnten. Sie antworteten, dass es nichts Besonderes sei... alle Brauereien müssten dasselbe tun. Aber der Kunde wusste das nicht. Also erstellte Claude neue Werbeanzeigen für Schlitz, in denen er alle unglaublichen Schritte erklärte, die ihr Bier durchlaufen musste, bevor es die Lippen des Konsumenten erreichte. Auch wenn diese Schritte bei allen Brauereien Standard waren, wusste der Konsument das nicht. Als der Konsument also las, dass diese Flaschen dreimal gereinigt wurden und ähnliches, hatte das Produkt Schlitz einen höheren

Wert. Die Verkäufe schossen in die Höhe.

Ihr Angebot verbessern

Das ist so einfach wie das Hinzufügen eines besseren Bonus... das Hinzufügen von mehr Boni... im Grunde genommen dem Kunden mehr zu geben, wenn er bestellt. Stellen Sie nur sicher, dass dies nicht zu stark auf Ihre CTO (Cost to Order) auswirkt.

Hier sind einige Möglichkeiten, wie Sie Ihre Kunden dazu bringen können, im Durchschnitt mehr zu kaufen.

Upsell

Wir haben gerade vor ein paar Kapiteln über Upsell und Cross-Sell gesprochen, daher sollte Ihnen das noch frisch im Gedächtnis sein. Ich konnte den durchschnittlichen Verkaufswert von 70 auf über 100 Dollar erhöhen, indem ich einige Upsells hinzufügte und meine Verkäufer dazu brachte, zu verkaufen, zu verkaufen, zu verkaufen! Von 70 auf 100 Dollar im durchschnittlichen Verkaufswert zu steigen, ist eine Steigerung von über 40 % im durchschnittlichen Verkaufswert.

Verbessern Sie die Upsell-Fähigkeiten Ihres Teams

Upsells sind großartig, aber wenn Sie schlechte oder unmotivierte Verkäufer haben, die die Anrufe entgegennehmen und das Skript vorlesen... ist es nutzlos. Schlechte Verkäufer sind schädlich für das Unternehmen. Sie hätten kein Unternehmen, wenn es nicht den "Verkauf" von Waren gäbe. Es amüsiert mich, wenn ich Leute sagen höre, dass sie ein Unternehmen gründen wollen, aber schlecht im Verkauf sind. Auch wenn Sie Verkaufsschreiben schreiben, verkaufen Sie! Ein Weg, um die Upsell-Quoten zu erhöhen, ist, Ihren Verkäufern Provisionen zu geben... wenn das nur ein paar Superstars hervorbringt... entlassen Sie die Verlierer oder weisen Sie ihnen nicht verkaufsbezogene Positionen in Ihrem Unternehmen zu und behalten Sie nur die Superstars am Telefon!

Bieten Sie größere oder mehr Einheiten an

Als wir unsere Autowachse verkauften, boten wir ein halbes Liter-Kit und ein Liter-Kit an. Dasselbe Produkt... nur mehr Menge zu einem Rabatt. Unternehmen wie Costco und andere machen Milliarden-Dollar-Geschäfte, indem sie den Verbrauchern größere Mengen zu einem besseren Preis pro Gewicht verkaufen. Denken Sie so: Sie könnten dem Kunden nie wieder etwas verkaufen... also holen Sie das Beste heraus, was Sie können, beim ersten Verkauf.

Erhöhen Sie Ihren Preis

Auch eine kleine Erhöhung der Versand- und

Bearbeitungskosten. Manchmal können Sie Ihren Preis erhöhen, ohne die Anzahl der Bestellungen zu beeinflussen. Wenn Sie ein Produkt für 60 Dollar verkaufen... könnten Sie versuchen, 3 Dollar mehr zu verlangen. Das sind 5 %. Wahrscheinlich ist dies die letzte und am wenigsten beliebte Methode, die ich in der Vergangenheit verwendet habe.

Hier sind einige Möglichkeiten, wie Sie Ihre bestehenden Kunden dazu bringen können, häufiger zu kaufenfar sì che i tuoi clienti esistenti comprino più spesso.

Ein starkes Back-End haben, um erneut verkaufen zu können

Ich habe Ihnen vom ersten Kapitel dieses Buches an gesagt... wenn Sie kein starkes Back-End haben, um immer wieder zu verkaufen... sollten Sie sich andere Produkte ansehen. Ein starkes Back-End zu haben, machte den Unterschied zwischen einem Unternehmen mit 2,4 Millionen Dollar pro Monat und einem Unternehmen mit 7,2 Millionen Dollar pro Monat aus. Und alle zusätzlichen Millionen über 2,4 waren praktisch alles Gewinn, da ich keinen zusätzlichen Dollar für Werbung ausgeben musste. 4,8 Millionen Dollar reiner Gewinn pro Monat, nur weil ich ein fantastisches Back-End hatte, machen dies zum besten Geschäft der Welt.

Produkte anderer Leute an Ihre Liste bewerben

Das ist dasselbe wie die Gastfreundschaftsbeziehung, von der ich vorher sprach... nur umgekehrt. Anstatt andere Unternehmen Ihre Produkte an ihre Liste bewerben zu lassen... werden Sie die Produkte anderer Leute an Ihre Kundenliste bewerben.

Sie müssen andere Unternehmen finden und sehen, ob sie einen solchen Deal machen möchten. Natürlich, wenn die Unternehmen zu Ihnen kommen, können Sie die gesamten Versand- und Druckkosten in Rechnung stellen, um Ihre Datenbank zu nutzen... aber wenn Sie auf sie zugehen, können Sie glücklich sein, wenn Sie einen 50/50-Deal bekommen... und vielleicht enden Sie damit, die gesamten Versand- und Druckkosten zu zahlen.

Kunden programmieren, in bestimmten Zeitintervallen zu kaufen

Erinnern Sie sich an die Zeiten, bevor all die kostenlose Wartung, die Autohersteller heute anbieten... als sie wollten, dass Sie alle 3 Monate oder 3.000 Meilen zum Ölwechsel kamen? Nun, Sie brauchten wirklich keinen Ölwechsel so oft... aber sie programmierten Ihre Besuche alle 3 Monate oder 3.000 Meilen. Zahnärzte haben Kontrollen, die jährlich oder vierteljährlich sein können, usw.

Wenn es eine Möglichkeit gibt, Kunden zu programmieren, wieder zu kaufen... ist das immer ein

Vorteil... es sei denn, es ist weniger oft, als sie von sich aus kaufen würden.

Bieten Sie Preis- oder Bonusanreize für Häufigkeit

Der Smoothie-Laden in meiner Nähe macht das ausgezeichnet. Wenn Sie einen Smoothie kaufen, stempeln sie eine Karte mit 10 Feldern. Jedes Mal, wenn ich mit dieser Karte hineingehe, stempeln sie sie einmal. Wenn ich die Karte vergesse, geben sie mir eine neue Karte mit einem Stempel, da sie 10 Stempel akzeptieren, auch wenn sie auf verschiedenen Karten sind. Sobald die Karte 10 Stempel hat, bekommen Sie einen Smoothie gratis. Ich habe das auch bei Autowaschanlagen und Cafés gesehen. Wenn es eine Möglichkeit gibt, dies im Direktverkauf zu verwenden, sind Sie gut dabei.

Sie können auch einen kostenlosen Bonus bei einer bestimmten Kaufhäufigkeit anbieten.

KAPITEL 33

Vermeiden Sie Gefängnis

Wenn Sie nicht wissen, was Sie tun... können Sie den Generalstaatsanwalt, die Federal Trade Commission, die Postinspektoren oder eine der zahlreichen anderen Regierungsbehörden verärgern. Schauen wir uns an, wie Sie die häufigsten geschäftlichen Fehler vermeiden können, die Direktmarketer in Schwierigkeiten bringen:

Regel n.1
Versenden Sie die Produkte innerhalb von 30 Tagen oder früher!

Ab dem Tag, an dem Sie die Kreditkarte des Kunden belasten oder der Scheck des Kunden eingelöst wird, haben Sie 30 Tage Zeit, um deren Bestellung zu liefern. Die meisten Kunden werden innerhalb von zwei Wochen anrufen und sich beschweren, wenn sie ihre Bestellung noch nicht erhalten haben. Wenn das Produkt alle 30 Tage benötigt, um beim Kunden anzukommen, stellen Sie sicher, dass Sie ihm dies mitteilen, wenn er am Telefon bestellt.

Sie können die Produkte später als 30 Tage versenden, solange Sie den Kunden darüber informieren. Deshalb sehen Sie in einigen Werbespots die Angabe „Bitte erlauben Sie 3 bis 6 Wochen für die Lieferung" und manchmal sogar länger!

Im Falle von Verzögerungen sollten Sie nach der telefonischen Benachrichtigung des Kunden eine Postkarte senden, die ihn darüber informiert, dass Sie ihm als Entschädigung für seine Geduld einen kostenlosen Bonus oder etwas anderes anbieten, sobald Sie seine Bestellung versenden. Dies wird viele Stornierungen reduzieren. Auf dieser Postkarte müssen Sie dem Kunden die Möglichkeit geben, seine Bestellung zu stornieren.

Hier ist ein Beispiel für eine solche „Backorder"-Postkarte:

„Es tut mir leid, aber es wird länger dauern als erwartet, um Ihre Bestellung von (Produktname) zu versenden. Wir hatten einen enormen Anstieg der Verkäufe und sind schneller ausverkauft, als wir dachten. Unser Lieferant sagt, dass er das Produkt nicht vor (Datum) liefern kann. Um diese Verzögerung auszugleichen, werde ich, sobald wir Ihre Bestellung am (Datum) versenden, einen kostenlosen Bonus im Wert von (Preis) beilegen. Hier ist, worum es sich handelt: (Absatz über den kostenlosen Bonus). Natürlich, wenn Sie einfach nicht bis zum (Datum) warten können, um Ihre Bestellung zu erhalten, können Sie uns unter (Telefonnummer) anrufen, und wir werden Ihnen sofort eine Gutschrift ausstellen. Nochmals, es tut mir leid für die Verzögerung. Ich verstehe, dass Sie gespannt darauf sind, (Produktname) zu erhalten."

Klingt gut? Sie können diese Worte verwenden, wenn Sie sie jemals benötigen.

Regel n.2

Erstatten Sie alle berechtigten Gutschriften innerhalb von 15 Tagen!

Das Schlüsselwort hier ist „berechtigt". Wenn jemand versucht, Sie zu betrügen, können Sie Ihre eigene Beurteilung vornehmen. Die meiste Zeit ist es besser, einfach das Geld zurückzuerstatten – auch wenn die Garantiezeit um ein paar Tage überschritten ist.

Glauben Sie mir, wenn Sie bei Gutschriften zu streng sind und die meisten Ihrer Kunden mit Kreditkarten bestellen, schaffen Sie nur Ärger mit der Kreditkartenfirma.

Mein Rat: Seien Sie nicht kleinlich, aber seien Sie auch kein Dummkopf.

Regel n.3

Lügen Sie nicht Ihre Interessenten an!

Wenn Sie Ihr Produkt in Ihrer Werbung übertreiben – st das in Ordnung. Wenn Sie Hyperbeln verwenden – ist das in Ordnung. Wenn Sie lügen – sind Sie ruiniert.

Natürlich könnten Sie eine Zeit lang damit durchkommen... aber sobald eine Regierungsbehörde beginnt, in Ihrem Geschäft herumzuschnüffeln... ist es vorbei.

Manchmal sind Sie vielleicht nur begeistert oder zu aufgeregt, wenn Sie Ihre Werbung schreiben, und das passiert allen Direktmarketern. Übertreiben Sie einfach nicht.

Ich habe eine neue Regel für mich selbst. Es sei denn, ich kann einen Experten wie einen Arzt dazu bringen, zu sagen, dass mein Produkt das tun kann, was ich behaupte... und es sei denn, dieser Arzt könnte ein völliger Unbekannter sein... und in der Lage sein, in einem Gerichtssaal auf der Zeugenbank zu sitzen und dem Staatsanwalt zu sagen, dass das, was ich sage, wahr ist... werde ich es nicht behaupten.

Und wenn Sie verrückte Behauptungen aufstellen wollen, stellen Sie sicher, dass Sie im Voraus den Beweis dafür haben. Wenn Sie sagen, dass diese Creme Cellulite um 36 % reduziert... sollten Sie besser einige wissenschaftliche Daten finden, die dies belegen... und bewahren Sie Kopien an einem sicheren Ort auf, der nicht Ihr Zuhause oder Büro ist.

Vorbeugen ist besser als heilen.

Regel n.4

Verkaufen Sie Produkte, von denen Sie wissen, dass sie wie behauptet funktionieren!

Oder zumindest sehr nahe daran, wie Sie behaupten.

Versuchen Sie, nur das zu verkaufen, von dem Sie glauben, dass es zumindest irgendwie funktioniert. Denken Sie daran, dass Ihre Meinung über das Produkt Ihre Meinung ist. Was zählt, ist, ob Sie Probleme bekommen können, indem Sie das verkaufen, was Sie verkaufen. Und wenn mehr als 10 % Ihrer Kunden ihr Geld zurückfordern.

Natürlich bin ich kein Anwalt und kann Ihnen keine rechtlichen Ratschläge geben, daher würde ich Ihnen empfehlen, alles, worüber Sie Fragen oder Bedenken haben, von einem Anwalt überprüfen zu lassen.

Außerdem, wenn Sie „Leichen im Keller" haben... stellen Sie sicher, dass kein Mitarbeiter, Lieferant oder Kunde davon erfährt... denn wenn der Moment kommt, in dem Sie sie verärgern... oder auch wenn nicht... können und werden sie diese „Leichen" gegen Sie verwenden – und in einigen Fällen... kann es Sie ruinieren.

KAPITEL 34

Imitationen

Wenn Sie eine Werbeanzeige oder einen Infomercial ein paar Mal schalten, ist das ein Signal für andere Marketer, dass Sie ein erfolgreiches Produkt haben. Viele Direktmarketer erfinden ihre eigenen Ideen nicht, sondern stehlen die erfolgreichen Ideen anderer.

Ein professioneller Direktmarketer hat mir einmal gesagt, dass das Sehen eines Infomercials, der zwei Wochenenden hintereinander ausgestrahlt wird, ein Zeichen dafür ist, dass die Show profitabel ist, und dass andere Direktmarketer bald die Idee stehlen werden.

In den letzten 10 Jahren hatte ich etwa ein halbes Dutzend großer Erfolge im Direktmarketing. Ich wurde mindestens viermal imitiert. Einer, der eines meiner Produkte stahl, verdient über 200 Millionen Dollar!

Ein anderer prahlt in seinem Infomercial damit, ein Viertel Milliarde Dollar mit „seinem" Produkt verkauft zu haben. Gut für ihn. Möge er daran ersticken und sterben.

Aber eigentlich kann ich sie nicht dafür hassen, was sie getan haben. Meine Freundin Suzanne wird sehr wütend, wenn sie einen der TV-Spots der Nachahmung im Fernsehen sieht. Ich sage ihr Folgendes:

„Nehmen wir an, wir wären pleite oder in Schwierigkeiten. Stell dir vor, du siehst dieses Produkt, das jemand anderes vermarktet und das ihn zum Millionär macht. Wenn wir dieses Produkt identisch kopieren und selbst vermarkten könnten, um Millionen zu verdienen, damit wir Villen, Ferraris, Traumurlaube kaufen könnten... würde deine Moral dich davon abhalten?"

Es dauert ungefähr eine Sekunde, bis sie sagt, dass sie es tun würde. Dann sage ich: Wie können wir also wütend auf jemanden sein, der dasselbe tut wie wir?

Vielleicht belüge ich mich selbst mit diesem Unsinn... aber es beruhigt mich sicher.

Wenn Sie ein Nahrungsergänzungsmittel verkaufen, kann es in wenigen Minuten imitiert werden. Ein Buch zu einem bestimmten Thema? Sicher, Sie können das Buch urheberrechtlich schützen lassen, aber wenn ich weiß, dass das „Thema" heiß ist, kann ich einfach mein eigenes Buch schreiben.

Während es unmöglich sein kann, Nachahmungen zu verhindern, können Sie versuchen, deren Erfolg zu verhindern. Dieses Kapitel wird Ihnen sagen, wie das geht.

Direktmailing ist das Geheimste

Wenn Sie in Zeitschriften werben oder TV-Spots ausstrahlen, sind diese für alle sichtbar. Wenn Sie

Briefe verschicken, ist dies sehr geheim. Aber wenn Sie eine erfolgreiche Direktmailing-Kampagne haben, warum sollten Sie sich zurückhalten und nicht in Zeitschriften werben? Das sollten Sie nicht.

Ich sammle gerne genug Geld im Direktmailing, um dann großflächig in Zeitschriften zu expandieren. Es würde Monate dauern, bis ein Nachahmer aufholt und den Marktanteil gewinnt, den ich bereits etabliert habe. Das birgt natürlich einige Risiken.

Es ist besser, Qualitätszeitschriften auszuwählen und nicht zu viel zu bezahlen. Direktmailing ist viel schwieriger effektiv zu gestalten als Anzeigen in Zeitschriften. Wenn Sie also mit Direktmailing Geld verdienen, können Sie ziemlich sicher davon ausgehen, dass Sie auch mit gedruckten Anzeigen Geld verdienen können, solange sie in Qualitätszeitschriften erscheinen und Sie nicht zu viel bezahlen.

Denken Sie daran, 20-30 Dollar pro Tausend für ganzseitige Werbung – das ist alles. Und wenn Sie sie für weniger bekommen können – tun Sie es!

Zeitschriftenanzeigen erwecken Nachahmer in 3 oder 4 Ausgaben

Sobald ich eine Anzeige sehe, die 3 oder 4 Mal in einer Zeitschrift geschaltet wird, besonders wenn es eine ganzseitige Anzeige ist... und besonders wenn es in einer teuren Zeitschrift ist... weiß ich, dass es für sie funktioniert. Ihre Konkurrenten werden zur gleichen Schlussfolgerung kommen. Was sie nicht wissen, ist, wie viel Sie für die Anzeige bezahlen...

daher müssen Sie die Anzeigen zum niedrigstmöglichen Preis bekommen.

Exklusivitäten

Das ist eine Taktik, die ich seit Jahren verwende und die wie ein Zauber funktioniert hat. Ich habe all meine Nachahmer mit dieser Taktik irritiert... und ich habe jede Sekunde genossen. Was ich tue, sobald ich weiß, dass ich einen Gewinner im Direktmailing habe und in Zeitschriften expandieren möchte, ist, Exklusivitäten zu bekommen.

Eine Exklusivität ist, wenn Sie zu einer Zeitschrift gehen und zuerst einen Preis aushandeln. Dann sagen Sie ihnen, dass Sie der einzige Vermarkter sein wollen, der das, was Sie verkaufen, in dieser Zeitschrift bewerben darf. Das wird nicht funktionieren, wenn die Zeitschrift bereits Inserenten hat, die ähnliche Produkte verkaufen. Dies ist für originelle Produkte gedacht.

Die Zeitschrift könnte damit keine Probleme haben, weil sie nicht von Vermarktern überflutet wird, die Anzeigen für die gleichen Produkte schalten wollen, die Sie gerade verkaufen. Aber die Schlüsselwörter sind „gerade jetzt".

Sobald Sie anfangen und die Nachahmer auftauchen... werden sie jede Zeitschrift verfolgen, in der Sie werben. Sie haben bereits die Forschung gemacht und bewiesen, dass diese Zeitschrift funktioniert. Wenn Sie warten, um die Exklusivitäten zu bekommen, nachdem die Nachahmer die Zeitschrift überschwemmen, wird es viel schwieriger... viel teurer... oder fast unmöglich. Warum sollte der Verlag seine Einnahmen kürzen, nur um Ihnen zu helfen? Das wird er nicht tun.

Wenn Sie also einen Erfolg haben und mit Zeitschriftenanzeigen expandieren wollen, holen Sie sich die Exklusivitäten gleich nach der Preisverhandlung. Wenn die Zeitschrift 21.000 Dollar will und Sie 20.000 Dollar zahlen wollen... könnte der entscheidende Deal für sie die Exklusivität sein.

Einige Zeitschriften akzeptieren keine Exklusivität, und ich habe festgestellt, dass ich sie in einigen Situationen wirklich nicht brauchte. Wie FHM... Sie wollten mir keine Exklusivität gewähren und ließen 3 oder 4 meiner Konkurrenten mit mir auf den Seiten werben.

Monat für Monat gaben alle auf. Innerhalb von drei Monaten war keiner von ihnen mehr in der FHM. Aber das wäre nicht der Fall gewesen, wenn diese Vermarkter gut darin gewesen wären, Anzeigen zu erstellen. Zum Glück für mich waren sie es nicht. Der Verlag hätte die Exklusivität akzeptieren sollen.

Zwei-Stufen-Werbung (Two-Step)

Wenn Sie Zwei-Stufen-Werbung in Zeitschriften statt Ein-Stufen-Werbung schalten... können Sie viele der „Betriebsaspekte" Ihres Angebots im Verborgenen halten. Denken Sie daran, wie ich in einem früheren Kapitel sagte, Nachahmer sind normalerweise faul. Sie haben nicht den Antrieb, alle Schritte Ihrer Werbung durchzugehen, um zu sehen, ob es da draußen etwas gibt. Eine Zwei-Stufen-Werbung kann

Ihr „Geheimnis" etwas länger geheim halten.

Klagen Sie nur, wenn es nötig ist

Wenn Sie einen Fall haben, wie wenn jemand die Anzeigen Ihres Unternehmens, die Marken usw. vollständig verletzt, versuchen Sie, die Unterschiede zwischen Ihnen beiden zu klären, bevor Sie einen Anwalt engagieren. Aber wenn das zu nichts führt, gehen Sie und konsultieren Sie einen Anwalt. Stellen Sie aber sicher, dass der Anwalt Ihnen nicht nur sagt, dass es einen Fall gibt, um sich selbst etwas Arbeit zu verschaffen. Anwälte sind Schakale, und ich habe noch keinen getroffen, den ich mag. Ausbeuter des Geldes aus Elend. Aber wenn Sie einen benutzen müssen... müssen Sie ihn benutzen. Stellen Sie nur sicher, dass Sie nicht zu sehr ausgenommen werden.

Lassen Sie sich nicht auf das Niveau der Nachahmer in der Presse herab

Wissen Sie, was lustig ist? Die Nachahmer stehlen Ihre Idee und wahrscheinlich 50 % Ihrer Anzeige... nur mit leicht übertriebenen Behauptungen. Sie sagen 66 %... sie werden 67 % sagen. Aber schlimmer noch, sie werden schlecht über Sie und Ihr Produkt in ihrer Anzeige sprechen! Vielleicht nennen sie sich sogar die Originale! Für den neuen Leser der Zeitschrift... was weiß er? Er hat Ihre Anzeige vorher nicht gesehen.

Normalerweise gehe ich zum Verlag und sage ihm,

dass ich schon lange ein Inserent bin und sehe, ob er den Inserenten davon abhalten kann, in ihren Anzeigen schlecht zu reden. Wenn der Verlag hilft, großartig. Wenn nicht, was werden Sie tun... Ihre Anzeige zurückziehen und alle Einnahmen diesem Nachahmer überlassen? Nein.

Ein unerfahrener Direktmarketer könnte sofort versuchen, den anderen Inserenten in seiner Anzeige anzugreifen. Tun Sie das nicht. Dem Verbraucher ist Ihr Kampf mit diesem Nachahmer egal. Gehen Sie den hohen Weg. Ernsthaft. Wenn der Verbraucher sieht, dass dieser Typ Sie angreift und schlecht redet, während Ihre Anzeige Glaubwürdigkeit ausstrahlt... wird der Kunde Sie anrufen.

Vielleicht kommt der Nachahmer mit einem niedrigeren Preis herein. Das ist ihre Spezialität. Wen interessiert's? Senken Sie Ihren Preis nicht, um ihren zu entsprechen. Was Sie tun müssen, ist, Glaubwürdigkeit zu Ihrer Anzeige hinzuzufügen. Mehr Testimonials... eine größere Anzeige in bevorzugten Zeitschriften... bessere Garantien... ein kostenloser Bonus... eine Befürwortung... usw. Seien Sie glaubwürdiger und Sie werden gewinnen.

Lassen Sie keine anderen Vermarkter von Ihrer Marke profitieren!

Stellen Sie jemanden ein, der sich mit geistigem Eigentum auskennt. Wenn Ihr Produkt www.Skinceuticals.com ist, stellen Sie sicher, dass Sie www.Skinceuticals.net registrieren... und www.buySkinceuticals.com. Andernfalls wird jemand diese Seiten übernehmen und Ihre Marke ausnutzen, indem er seine Produkte verkauft.

Sobald Sie groß genug werden... wenn Sie das Glück haben, das zu werden... wird der Kampf gegen den Abschaum ein Vollzeitjob sein. Lassen Sie es nur nicht zu Ihrem werden. Stellen Sie jemanden ein. Sie müssen konzentriert bleiben!

BONUS 1

Fisch

Ich bin ein Fischer. Aber nicht auf die übliche Weise. Ich gehe nicht mit einer Angelrute auf ein Boot. Ich verschicke Direktwerbebriefe an Gruppen potenzieller Kunden und warte darauf, wie viele "Bisse" ich bekomme.

Nun, das "Produkt", das ich verkaufe, ist nur ein Mittel zum Zweck. Es ist der Köder an meinem Haken, sozusagen. Es ist mir wirklich egal, was ich verkaufe, solange es die Fische an den Haken bringt... und sie gut beißen.

Ein professioneller Fischer würde niemals sagen, dass er einen bestimmten Köder nicht benutzt, weil er ihm nicht gefällt... oder weil er "eklig" ist... oder weil es ihm "peinlich" ist. NEIN. Solange der Köder die verdammten Fische an den Haken bringt, könnte es alles sein.

Ich denke genauso über Produkte. Du solltest dir keine Sorgen machen, was sie sind, sondern ob sie Bestellungen anziehen.

Und darum dreht sich das gesamte Geschäft... einen starken Köder zu haben, der mehr Umsatz in Form von Bestellungen einbringt, als es dich gekostet hat, die Werbebriefe zu versenden.

Du musst auch sicherstellen, dass du im richtigen Teich angelst. Wenn du nach einer bestimmten Fischart suchst und diese nicht in dem Gewässer bekannt ist, in dem du angelst... dann verschwinde dort!

Ich wiederhole es noch einmal. Vergiss alles über den Text... die Garantien... die Überschriften... usw. Das sind nur Dinge, die deine Verkaufsarbeit stärker machen. Was wirklich zählt, ist, das richtige Produkt mit der richtigen Anziehungskraft für die richtige Gruppe von Menschen zu haben.

Du könntest der beste Werbetexter der Welt sein, und das garantiert dir nicht, jedes Mal Millionen zu verdienen, wenn du einen neuen Brief für ein neues Produkt verschickst. Wenn das der Fall wäre, würde ich sicherlich nicht meine Zeit damit verschwenden, dieses Buch zu schreiben; ich wäre damit beschäftigt, Verkaufsbriefe zu schreiben!

Das richtige Produkt wird zu dir kommen. Du musst nur deine Augen und Ohren offen halten. Höre allen zu. Du wirst überrascht sein, was du entdeckst, wenn du anderen Leuten zuhörst. Lies alles. Alle Arten von Zeitschriften... alle Arten von Büchern... Zeitungen usw.

Versuche, eine riesige Welle zu finden und sie zu reiten. Wenn du siehst, dass kohlenhydratarme Produkte im Trend liegen, erstelle ein Produkt, das auf die Nachfrage nach kohlenhydratarmer Ernährung abzielt... einen Newsletter über kohlenhydratarme Diäten... eine kohlenhydratarme Diätpille usw.

Suche nach diesen Wellen und reite sie. Sieh dir den iPod von Apple an. Siehst du, wie viel diese Hersteller von Zubehörprodukten verdienen?

Um den besten Köder zu finden... finde ein riesiges Bedürfnis oder Verlangen deiner potenziellen Kunden.

BONUS 2

Wie man 48.000.000 $ an einem Tag verliert

Würdest du ein neues Geschäft von jemandem lernen, der sich schuldig bekannt hat, schreckliche Verbrechen begangen zu haben, Millionen von Dollar verloren hat und sogar Gefängnis drohte?

Ich bin sicher, dass viele Leute, die dieses Buch lesen, sich fragen: „Warum erzählt dieser Verrückte solche Geschichten?" Die Antwort ist einfach. Es ist mir scheißegal.

Ich schäme mich für nichts, was mir in der Vergangenheit passiert ist. Warum? Weil ich Opfer einer korrupten Regierung war. Schau, ich würde nichts von jemandem lernen wollen, der ein angenehmes Leben geführt hat. Ich möchte von jemandem lernen, der den Gipfel des Erfolgs sowie den Keller des Gefängnisses gesehen hat. Dieser Typ hat die „richtigen" Informationen für mich.

Siehst du, ich war ziemlich erfolgreich. Ich hatte über 10 Millionen Dollar nur auf meinem Girokonto. Ich hatte Villen überall. Traumautos. Alles.

Was die Leute nicht erkennen, ist, dass sobald ein Produkt erfolgreich ist und du Briefe versendest oder großflächig Werbung machst, du jeden Aspekt im Auge behalten musst, um sicherzustellen, dass dein „Flugzeug" in der Luft bleibt.

Für einige ist die Führung des Geschäfts und dessen „Überwasserhalten" eine große Verantwortung. Das war es auch für mich. Jedenfalls kümmerte ich mich nur um die Geschäftsführung und die korrekten Zahlen. Ich konzentrierte mich nicht darauf, ein „Ziel" zu sein.

Mein Geschäftspartner hatte eine Art Auseinandersetzung mit einem der Angestellten – einem Limousinenfahrer. Der Limousinenfahrer wurde also gefeuert oder trat zurück – ich weiß es nicht. Er war so wütend auf meinen Partner, dass er statt loszulassen, zur örtlichen Polizei ging und sagte, dass mein Partner seinen Sohn belästigt habe! Ja.

Der Detektiv musste diese schwere Anschuldigung untersuchen, und das tat er. Und es führte zu nichts. Dann ging dieser Typ zum Generalstaatsanwalt des Staates, in dem ich mein Geschäft betrieb. Er ging hinein und erzählte den Staatsanwälten eine Geschichte darüber, wie mein Partner und ich in der Mafia seien und wie wir die Mafia bezahlten... und wie wir über die Kunden lachten, die unsere Produkte kauften, weil sie schlecht waren... und wie wir niemals Rückerstattungen an Kunden gaben usw.

Der Staat, anstatt ein bisschen Nachforschung über diesen Typen anzustellen, seine falsche Geschichte von „Belästigung" zu überprüfen und uns vielleicht die Möglichkeit zu geben, auf diese Anschuldigungen zu antworten, entschied sich, alles zu beschlagnahmen.

So, eines Tages waren mein Partner und ich in der Bank, und der Filialleiter (der für uns arbeiten wollte) kommt zu uns und fragt: „Warum sind all eure Konten eingefroren?" Wir sahen ihn an, als wäre er verrückt, also rannten wir zurück ins Büro, um unseren Anwalt anzurufen.

Als wir ankamen, stürmten Dutzende von Männern mit Schilden und gezogenen Waffen unser Gebäude. Ich fuhr einfach weiter. Ich musste zum Anwalt, um herauszufinden, was zum Teufel los war.

Es stellte sich heraus, dass der Staat uns mit seinem „Zeugen" wegen Betrugs und Geldwäsche und einer Liste anderer schrecklicher Dinge verklagte. Ok. Was sie beschlossen, war die Beschlagnahme. Eine Beschlagnahme ist, wenn der Staat kommt und all deine Vermögenswerte nimmt: deine Autos, deine Häuser, deine Bankkonten, sogar den Verlobungsring vom Finger meiner Freundin!

Nun, wie zum Teufel soll man einen Fall ohne Ressourcen bekämpfen? In gewisser Weise hätte ich es vorgezogen, etwas falsch gemacht zu haben, als sie alles beschlagnahmten. Wenn ich etwas falsch gemacht hätte, hätte ich Millionen von Dollar versteckt und hätte Pässe bereitgehalten, um zu fliehen. Aber ich hatte nur 2000 Dollar in der Tasche und eine Rolex am Handgelenk.

Ich lieh mir 100.000 Dollar von einem Freund für den Anwalt. Der Anwalt verbrauchte diese Summe in zwei oder drei Monaten. Gary Halbert hat recht... Du bist unschuldig, bis dir das Geld ausgeht.

Der Staat blockierte alle unsere Aufzeichnungen,

sodass wir die Kontoauszüge und alle Dokumente, die unsere Unschuld bewiesen hätten, nicht einsehen konnten. Sie hielten so viele Informationen zurück und kämpften so unfair, dass mein jüdischer Freund sagte: „Das ist Nazideutschland!"

Neben dem Einfrieren all deiner Gelder und Vermögenswerte stapeln sie auch hohe strafrechtliche Anklagen auf. Aber sie erheben sie nie... sie drohen dir nur damit.

Warum haben sie das gemacht? Sie wollten die 48 Millionen Dollar, die mein Partner und ich hatten.

Lass mich dir sagen, wenn du mit 10 oder 20 Jahren Gefängnis bedroht wirst, selbst wenn du zu 100 % unschuldig bist, gibt es immer noch ein gewisses Risiko. Besonders, wenn du kein Geld hast, um einen guten Anwalt zu engagieren.

Nicht nur das, aber wer wird für all die Experten bezahlen, die du engagieren musst? Sie arbeiten nicht kostenlos.

Der Staat weiß, dass wenn du es dir nicht leisten kannst, den Fall zu bekämpfen, und wenn sie die Drohung mit strafrechtlichen Anklagen tief genug stapeln, wirst du wahrscheinlich all deine Vermögenswerte an sie abtreten und gehen. Ein Geldsegen.

Siehst du, wenn sie all deine Vermögenswerte beschlagnahmen, können sie sie nur dann tatsächlich „behalten", wenn du das Abtretungsformular unterschreibst (normalerweise in einer Art Vergleichsvereinbarung)... oder wenn du verurteilt wirst. Und dann, natürlich, wirst du ins Gefängnis gehen.

Ich habe immer geglaubt, dass man Geld schaffen kann, aber man kann keine Zeit schaffen. Aber ich war noch nicht bereit aufzugeben.

Aber vielleicht hätte ich es tun sollen... weil der Staat anfing, andere Menschen in die strafrechtlichen Anklagen zu verwickeln, wie meine Freundin, die nichts anderes war als ein Mädchen, das die Gehaltsabrechnung und die Personalabteilung verwaltete.

Der Staat versuchte, mich zur Aufgabe zu zwingen. Sie konnten jeden anklagen, den sie wollten, und die Anklagen konnten vielleicht halten oder auch nicht... aber die Bestrafung liegt im Prozess.

All der Druck zeigte ein Jahr später seine Wirkung. Mein Partner und ich einigten uns auf eine Vergleichsvereinbarung, in der wir 47 Millionen Dollar in bar und Vermögenswerten abtreten und uns schuldig bekennen würden wegen Geldwäsche und Betrug. Im Gegenzug würden wir all das hinter uns lassen und unsere Familien aus der Sache heraushalten. Der Staat wollte nur das Geld.

Also, die Lektion hier: Wenn du in diesem Geschäft... oder in jedem Geschäft... einen Haufen Geld verdienst, schütze es. Hab keine sichtbaren, beschlagnahmbaren Vermögenswerte.

Die Regierung wird dich bestehlen

Willst du etwas Lustiges wissen? Nachdem wir unsere Erklärungen abgegeben hatten, rief dieser ehemalige Limousinenfahrer unseren Anwalt an und sagte, er wolle sprechen. Es stellte sich heraus, dass die Ermittler ihm bis zu 10 % von dem versprochen hatten, was sie bei uns beschlagnahmten. Das wären etwa 4,8 Millionen Dollar gewesen. Mein Gott, ich kenne Leute, die Geschichten über Personen erfinden würden, die sie mögen, um die Möglichkeit zu haben, 4,8 Millionen Dollar zu bekommen... geschweige denn über jemanden, den sie hassen!

Der Grund, warum er sich meldete? Der Staat hatte ihn nie bezahlt! Und er war wütend und wollte sich an ihnen genauso rächen, wie er sich an uns rächen wollte. Aber es war zu spät. Wir hatten bereits das Schuldbekenntnis abgegeben, und der Richter erlaubte uns nicht, es zurückzuziehen!

Ich wurde zu sechs Monaten Gefängnis verurteilt... genau wie mein ehemaliger Partner. Die 48 Millionen Dollar, die der Staat beschlagnahmt hatte, sollten an alle Opfer gehen, die wir mit unseren Produkten geschädigt hatten. Als ich im Gefängnis war, las ich einen Zeitungsartikel über uns. Der Staat behauptete, er habe etwas mehr als 5.000 Rückerstattungsanträge von unseren Kunden erhalten.

Unsere Produkte wurden für 50 Dollar verkauft. Rechnet mal nach. Das sind 250.000 Dollar an Rückerstattungen. Aber was wird der Staat mit den restlichen 47.750.000 Dollar machen, die er bei uns beschlagnahmt hat? Unerwartete Gewinne!

Sogar das Gebäude, in dem sich unser Unternehmen befand... sollte zugunsten der „Opfer" liquidiert werden. Tja, jetzt ist es der Sitz des US-Zollamts. Sie haben einfach entschieden: „Hey, uns gefällt dieses Gebäude... nehmen wir es."

Es ist wirklich so einfach für diese Leute. Hab keine beschlagnahmbaren Vermögenswerte. Wenn du nichts hast, was sie dir nehmen können, interessiert es sie nicht, dich ins Gefängnis zu stecken. Alles, was sie suchen, ist das Geld.

Wenn ich die Zeit zurückdrehen könnte, hier ist, wie ich mich besser darauf vorbereitet hätte:

1. Ich hätte zwei Millionen Dollar in bar irgendwo vergraben, fernab von meinem Zuhause oder meinem Büro.
2. Ich hätte klinische Studien für jedes Nahrungsergänzungsmittel, das ich verkaufe, durchgeführt. Ich hätte alle Experten, die bescheinigen, wie gut es funktioniert, bevor sie gezwungen werden, dies in einem Gericht auszusagen.
3. Ich hätte niemals irgendwelche pfändbaren Vermögenswerte gehabt. Mein Haus, meine

Autos, meine Bankkonten. Meine Bankkonten hätten wenig Geld enthalten... aber der gesamte echte „Schatz" wäre geschützt gewesen – wahrscheinlich in einem anderen Land.

4. Ich hätte Pässe für alle Mitglieder meiner Familie gehabt. Es ist einfacher zu verhandeln, wenn du nicht unter US-Recht stehst.

5. Ich hätte jeden meiner Anzeigen mit einer Lupe überprüft. Ich hätte die Anzeigen von einem Anwalt überprüfen lassen. Ich hätte sichergestellt, dass ich solide Beweise für jede Behauptung habe, und hätte alle diese soliden Beweise außerhalb meines Hauses oder Büros aufbewahrt. Irgendwo versteckt.

6. Das lag nicht in meiner Kontrolle, aber ich hätte niemals einen entlassenen oder ausgeschiedenen Mitarbeiter verärgert.

7. Ich hätte ein vollständiges Backup des gesamten Datenbankbestands auf einem dieser neuen Flash-Speicher-Schlüsselanhänger gehabt. Wenn die Dinge schlimm werden, kannst du immer darauf zählen, mit deiner Heimliste eine Menge Geld zu verdienen. Wenn ich meine gehabt hätte, hätte ich leicht 4 Millionen Dollar verdienen können. Halte die Datenbank auf deinem Schlüsselanhänger.

8. Ich hätte mindestens eines meiner Autos geleast. Der Staat kann geleaste

Vermögenswerte nicht beschlagnahmen.

9. Ich hätte Kopien aller Händlerauszüge und anderer wichtiger Dokumente an einem anderen Ort als meinem Zuhause oder Büro aufbewahrt. Die wichtigen Informationen, die du benötigst, um deine Unschuld zu beweisen, werden von den Staatsanwälten „verloren". Du musst immer deine eigenen Kopien haben.

10. Politiker, Staatsanwälte und FAST ALLE REGIERUNGSMITARBEITER sind Abschaum. Du musst eine bestimmte Art von Person sein, um diese Jobs zu machen. Du musst Abschaum sein.

Es gibt wahrscheinlich nur eine Handvoll Direktmarketing-Experten, die dir so viel erzählen können wie ich. Ich habe alles gesehen. Das Gute... das Schlechte... das Hässliche. Wenn du deine Millionen machst, sorge dafür, dass du sie schützt.

Die Bibliothek des Millionärs

- Tested Advertising Methods - John Caples
- The Lazy Man's Way To Riches - Joe Karbo
- Breakthrough Advertising - Eugene Schwartz
- Scientific Advertising/My Life in Advertising - Claude Hopkins
- Ogilvy On Advertising - David Ogilvy
- 2239 Test Secrets For Direct Marketing Success - Denny Hatch and Don Jackson
- Think and Grow Rich - Napoleon Hill
- Money Making Secrets Of Jay Abraham and Other Marketing Wizards - Jay Abraham
- The Robert Collier Letter Book - Robert Collier
- How to Win Friends and Influence People - Dale Carnegie
- You Were Born Rich - Bob Proctor
- The Gary Halbert Letter - www.thegaryhalbertletter.com

- Advertising Secrets of the Written Word - Joe Sugarman
- Marketing Secrets of a Mail-Order Maverick - Joe Sugarman
- Triggers - Joe Sugarman
- How To Write A Good Advertisement - Victor Schwab

Anmerkungen

Diese Zusammenfassung von "The 12 Month Millionaire" wurde sorgfältig kuratiert, um dieses Meisterwerk des Direct Marketing von Vincent James aus dem Jahr 2005 zu verbreiten (das im Papierformat kaum noch zu finden ist).

Obwohl es sich um eine stark komprimierte Version handelt, sind wir überzeugt, dass sie als Sprungbrett für diejenigen dienen kann, die nicht gut Englisch sprechen, aber daran interessiert sind, Vincents Gedankengut und das Direct Marketing im Allgemeinen zu vertiefen und anzuwenden.

Dieses Buch kann auch für diejenigen von Vorteil sein, die bereits die Originalversion besitzen, da es die Konsultation und das Auffrischen der grundlegenden Konzepte erleichtert, sowohl beim Brainstorming als auch bei Geschäftstreffen.

Das Ziel dieser Zusammenfassung ist rein informativ, und wir beabsichtigen keineswegs, das Originalbuch von Vincent James zu ersetzen.

Das Team von Kompakt Verlag

www.ingramcontent.com/pod-product-compliance
Lightning Source LLC
Chambersburg PA
CBHW050050230526
45470CB00004B/1474